LE PARADOXE
DE IEAN BODIN ANGEVIN
QV'IL N'Y A PAS VNE SEVLE
vertu en mediocrité, ny au milieu de deux vices.

*Traduit de Latin en François, & augmenté
en plusieurs lieux.*

R. 2765.

A PARIS,

De l'imprimerie de Denys du Val, ruë S.
Iean de Beauvais, au Cheva vola
M.D.LXXXXVIII.
Auec privilege du Roy.

*u a est-
s vertus
pour a-
ré d'hon*

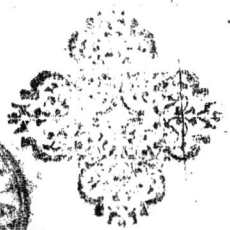

R. 2765.

A PARIS,

De l'imprimerie de Denys du Val, en S.
Iean de Beauuais, au Cheual volé.

M.D.LXXXXVIII.

Auec priuilege du Roy.

A MESSIRE CLAVDE

DE LISLE, SEIGNEVR DE
Mariuaux, Cheualier des deux ordres,
Capitaine de cinquante hommes d'armes, Lieutenant pour le Roy au gou-
uernement de l'Isle de France, & gou-
uerneur de Laon, & pays Lannois.

OVS *voyez, Monsieur, ce liure ha-*
billé à la françoise, qui vous sera
plus aggreable à mon aduis, qu'ayãt
le masque Latin : car cõbien que le
Latin vous soit aussi familier que
le François, si estce qu'on aime tousiours mieux le
citoyen que l'estranger : & neantmoins, quelque
langue qu'il parle, vous le deuez plus aimer & ca-
resser que nul autre liure que vous ayez, non pas
pour traiter l'art militaire, que vous auez appris
en courant mile dangers : ny pour les affaires d'e-
stat, que vous pratiquez continuellement : mais
pour traiter le plus beau subiet qu'on puisse desi-
rer, c'est à sçauoir, du souuerain biẽ, & des vertus
ausquelles vous estes estroictement obligé, pour a-
uoir esté par icelles éleué en aussi haut degré d'hon

A ij

neur que peut eſtre gentil-hõme de voſtre aage:&
auſſi qu'elles vous ont appris à gouuerner en toute
integrité & iuſtice les ſubiets du Roy, qui luy a
pleu mettre ſous voſtre cõduite, deteſtant ceux qui
eſcorchent le peuple, qui hument ſon ſang auide-
ment, voire le rongent iuſques aux os, & non
contens ils ſuccent encor la moüelle des os:ce qu'ils
ne feroyent iamais s'ils auoyent part aux bonnes
lettres, & manié les bons liures que vous auez
touſiours aimé dés voſtre ieuneſſe:car ils y verroiẽt
les tragœdies terribles, & iſſues luctueuſes des tyrans chaſſez de leurs tanieres, maſſacrez & precipitez, leur poſterité à iamais ruinee, leurs maiſons
raſees, & leur memoire abolie. C'eſt pourquoy les
anciens ont touſiours armé la deeſſe Pallas : pour
monſtrer que les Princes, Gouuerneurs, & Capitaines n'ont pas moins affaire des liures que des
armes. Or ce liure eſtant court & bref, pour vn
ſi beau ſubiet, ne tiendra pas grãde place, & ſera
bien toſt leu:& s'il eſt aggreable à voſtre iugemẽt
clair & ſubtil, s'il en fut onques, il ſera bien venu
par tout : & en ceſte aſſeurance ie vous baiſeraì
les mains.

Voſtre affectionné
ſeruiteur. I. B.

LE

LE PARADOXE MORAL

DE IEAN BODIN ANGEVIN,

Qu'il n'y a pas vne seule vertu en mediocrité,
ny au milieu de deux vices: en forme de
dialogue du Pere & du Fils.

LVSIEVRS ont trouué bien LE FILS. estrange, que vous mon Pere ayez mis en auant ce paradoxe contre lopinion cómune, qu'il n'y a pas vne seule vertu en me-diocrité, ny au milieu de deux vices: & que le souuerain bien des hommes ne git point en l'action de vertu. Et d'autant qu'il n'y a question plus belle pour le subiet qui se pre-sente, n'y chose plus desirable que la iouïs-sance du souuerain bien, ie scaurois volon-tiers de grace, si voltre commodité le per-mettoit, ce qu'il vous en semble pour en e-stre informé au vray.

Nous scauons assez, mon fils, combien LE PERE les peres s'affectionnent pour leurs enfans: & que le plus souuent ils otroyent à tort ou

A iij

à droict tout ce qu'ils veulēt : mais d'autant
que le fils ne peut demander au pere, ni le
pere accorder au fils chose plus raisonable
que la doctrine belle & honeste, qui git prin
cipalement aux vertus illustres, & en la cognoissance du souuerain bien, i'acorde trés-
volontiers vostre requeste.

   F. Puis qu'il vous plaist ainsi, mon pere,
pour tenir vn ordre certain, & que le com-
mencemēt se raporte à la fin, le milieu à l'vn
& à l'autre, & chacune partie au total, ensei-
gnez moy ie vous prie en premier lieu que
c'est que bien.

Math.
c. 19.
pour-
quoy
mappel
les tu
bō? car
il ni a
riē bō
que vn
seul
Dieu.
La defi-
nitiō de
mal q̄
cest fau
te oupri
uation
de bien
est de
sainct Au
gustin.

   P. Ce qui est profitable & vtile à celuy
qui en ha la ioüissance. F. Beaucoup de
choses sont vtiles & profitables à chacun:
mais ie scaurois volōtiers q̄ est le plus grād
biē. P. C'est la chose la plus vtile & la plus
necessaire à toute creature qu'on peut iina-
giner, c'est Dieu duquel toutes les sources
de biens sont issues & riē de mal, c'est celuy
qu'on peut à bon droit appeler bon de soy
mesme, & seul bon.

   F. Qu'estce que mal? P. Il ne se peut scauoir. F. Pourquoy non? P. Parce que le
mal n'est riē: or ce qui n'est point ne se peut
definir, ni mōstrer, ni pourtraire: & par consequent on ne peut scauoir que c'est, sinon

              par

par forme de priuation: comme quãd nous
difons les tenebres eftre faute de lumiere:
ainfi le mal fe peut dire defaillance de bien,
car en tous difcours on doit premierement
chercher fi la chofe dont eft queftion eft en
nature, au parauant qu'on f'enquiere que
c'eft, ou quelle elle eft, & pourquoy, & à
quelle fin elle eft faicte.

F. Si le mal n'eft rien, qui fait mal, fait
rien. P. Il eft vray : & pour cefte caufe le
gẽtil Attilius difoit fort à propos, qu'il vaut
mieux eftre oifif, que de rien faire, c'eft à dire, faire mal.

F. Celuy qui fait rien ne merite pas d'e-
ftre puni: celuy qui fait mal fait rien: par con
fequent celuy qui fait mal à tort & fans caufe eft puni. P. Ce paralogifme n'eft pas receuable entre les philofophes, pour l'equi-
uocation qui eft d'eftre oifif, & rien faire, &
fi l'oifiueté eftoit capitale par les ordonnan-
ces d'Athenes, combien la peine doit eftre
plus griefue contre ceux qui font rien, c'eft
à dire qui font mal? Il faut donc conclurre
tout le contraire de ce que vous auez dit:
Quicõque fait mal doit eftre puni: quiconque fait rien fait mal: il fenfuit donc que
quiconque fait rien doibt eftre puni.

F. S'il n'y a point d'autre refiftance au

A iiij

mal que le defaut ou priuatiõ de bien, pourquoy eſtce que Ariſtote dit que le mal eſt
contraire au bien? p. En termes de philoſophie on ne ſe doibt iamais arreſter à l'authorité : mais il faut balãcer tout au contre-
pois de la raiſon; car meſmes Ariſtote ne fit
onques miſe ni recepte de l'authorité de
ſon maiſtre Platon, non plus que de tous les
autres philoſophes. or lon void que nõ ſeulement Ariſtote s'eſt meſpris en ce qu'il ha
fait le mal contraire au bien, ains auſſi en ce
qu'il eſtime le bien eſtre fini, & le mal infini,
& que le mal procede de la matiere.

  r. Excuſez moy s'il vous plaiſt, ſi ie nen-
ten pas bien ce que vous voulez dire. p. Ie
l'eclairciray mieux ſi ie puis. Tout ce qui eſt
en ce monde eſt bon, en ce qu'il ha participation de quelque eſſence : or ſi le mal eſtoit
quelque choſe entre les creatures, vne meſme choſe ſeroit bonne, & ne ſeroit pas bonne pour meſme ſubiet, & deux poſitions
contradictoires ſeroyẽt veritables & com-
patibles contre nature : & qui pis eſt Dieu
autheur & ſource inepuiſable de tout bien,
ſeroit cauſe de tout mal, ce qui ne doibt pas
entrer au cerueau des hommes.

  r. Pourquoy donc appelõs nous les paricides larrons & adulteres mauuais? ou s'il
                                          y a

y a vn Dieu, comme nous asseurons, d'ou
vient le mal? & s'il n'y a point de Dieu, comme disent les atheistes, d'ou vient le bien?
de dire que les meschans hommes ne valēt
rien, c'est parler impropremēt: & toutesfois
il faut ainsi s'accommoder au menu peuple
pour luy faire hair les actes que font les
mechans, lesquels actes sont damnables de
soi : mais à parler proprement, on peut dire
que les paricides & voleurs sont moins bōs
que les gens de bien & d'honneur : & plus
on s'eloigne du souuerain biē, moins on est
bon : & par ainsi puisque le mal purement &
simplement pris est ce qui manque de tout
bien, & qui n'a aucune essence, substance,
ni place en toute la nature, & qui ne se peut
imaginer que par priuation de bien, il est
impossible que le mal prenne son origine
de la matiere cree de Dieu, & qui participe
de sa bonté: car la matiere seroit pire que le
mal, & Dieu seroit encor pire que l'vn &
l'autre: cōme le feu est tousiours plus chaud
que l'eau chaude, qui n'a chaleur ñ du feu:
il faut donc conclurre qu'il n'y a point de
mal en la matiere, & beaucoup moins ès
choses composees d'icelle.

F. Soit ainsi que la matiere soit bonne,
& qu'elle n'est pas cause du mal: si est ce que

ie ne puis bien comprédre pourquoy le mal
n'eſt côtraire au bien. P. Si l'vn eſtoit contraire à l'autre, le mal auroit certaine eſſence, comme le bié, choſe impoſſible, comme
nous auons monſtré ci deſſus : & ſeroyent
tous deux ſoubs meſme genre : & ſi l'vn e-
ſtoit infini, auſſi ſeroit l'autre par la nature
des choſes contraires. or nous voyons que
le ſouuerain bien qui eſt Dieu, eſt infini en
toutes ſortes, & le mal ne peut eſtre fini, ni
infini, n'eſtant rien : & s'il eſtoit ainſi qu'Ariſtote penſoit, que le bien fuſt fini, & le mal
infini : Dieu ſeroit plus foible que le mal, &
ia pieca la malice eſtant infinie, euſt eſtaint
& amorti la bonté finie, & renuerſé l'eſtat
de ce monde : tout ainſi que ſi le feu eſtoit
infini, long temps ha qu'il euſt embrazé &
reduit en cendre les autres elemens.

　E. Y a il quelq choſe infinie en ce monde fini? P. Il eſt impoſſible : auſſi n'y a il que
Dieu infini, que pour ceſte cauſe le monde
fini, ni creature quelquonque ne peut comprendre : & par conſequent il ſenſuit bien
qu'il n'y a rien côtraire à Dieu : & beaucoup
moins le bien au mal qui n'eſt rié. c'eſt pourquoy le maiſtre de ſageſſe ha tresbien dit
que la malice ne ſurpaſſera iamais la bonté :
ſi donc le ſouuerain bien eſt tresgrand &
　　　　　　　　　　　　　　　　　tres-

trefpuiffant, le mal, fi mal y a, ne peut qu'il
ne foit foible en toutes fortes. mais quand
ie di mal, ie n'enten pas le fubiet par cõcre-
tion qui ha vne qualité vituperable, car c'eft
vne fubftance bonne, encor qu'elle foit
moins bonne pour telle qualité, ains i'enten
vne pure priuatió de tout bien, foit fubftan-
tiel ou accidental.

F. Puifque tout bien decoule de Dieu,
fource inepuifable de bonté, pourquoy ne
dirons nous que tout mal vient de la fource
de malice, & d'vn principe de tous maux?
P. C'eftoit l'aduis de Manes Perfan, qui n'a
pas moins d'impieté que d'abfurdité : car
faifant deux principes en ce monde egaux
en puiffance, l'vn de tout bien, & l'autre de
tout mal, il n'a pas confideré que ce monde
ne pourroit aucunemét fubfifter entre deux
fi puiffans ennemis en puiffance égale & infinie, combatans l'vn contre l'autre, comme
il feroit neceffaire n'ayant rien plus grand
qu'eux pour les accorder. c'eft pourquoy il
eft dit en l'efcripture fainɥe, que Dieu eftablit l'accord entre les puiffances treshautes,
qui font les cieux & les anges celeftes, auec
vne infinie puiffance de fa majefté.

F. Ou mettrons nous donc l'origine de
tant de maux? P. Au feul defaut de bien: &

tout ainſi que la lumiere eſtainte n'y a que
tenebres, & qu'en tirant les colomnes &
piliers, le baſtiment vient à ruiner : ainſi
voyons nous les ruines, calamitez, guerres
& mortalitez aduenir quand Dieu retire ſa

Iob ca.
34.
Iſaie. c.
45.

bonté, côme en Ieſaye, ie ſuis, dit il, le grãd
Dieu qui à formé la lumiere, & creé les tenebres, faiſant la paix, & creant le mal : il n'a
pas dit faiſant le mal, & faiſant les tenebres :
car Dieu ne peut faire mal, dautãt que pouuoir faire mal n'eſt autre choſe que foibleſ-
ſe & impuiſſance de celuy qui peut faire rié,
c'eſt à dire mal, qui n'eſt autre choſe que fau
te de bié, car la creatiõ eſt de pure priuatiõ.

F. Dirons nous donc que les diables
ſont bons? P. Tout ce qui eſt, en tant qu'il
eſt creature de Dieu, il eſt bõ : or les diables
ſont creatures intellectuelles, qui tienent
leſſence de Dieu, la raiſon, & la volonté, &
ne ſont pas mauuais de ſoi par nature : mais
bien ils ſont moins bons que les anges, ainſi
que le fer eſt moins bon que l'or, & la poi-
zon moins bonne que la medecine : mais ce
treſgrand monarque du monde à diſpoſé
ſes Anges comme gouuerneurs & preſidés,
non ſeulemét en chacune prouince & cité,
ains auſſi en chacune famille, voire à chacune perſonne : comme en cas pareil il a or-
donné

donné des bourreaux executeurs de sa hau-
te iustice, pour prendre la iuste vengeance
des forfaits d'vn chacun: & à ce propos disoit le sage en ses allegories, n'accusez pas le
seruiteur car il s'en plaindra au maistre: or
c'est l'ordinaire des fols d'acuser les diables.
& tout ainsi qu'il n'y a rien plus propre à la
nature de Dieu que de produire, former, &
conseruer toutes choses : aussi la charge des
diables est de gaster, perdre & corrompre
par guerres, pestes, & famines:& neātmoins
ils ne peuuent rien sans lexpres commandement de Dieu, ou permission d'iceluy, ou
des puissances celestes:de sorte mesmes que
les calamitez, pestes & famines sont bonnes
& vtiles entant qu'elles procedent de la volonté & iustice de Dieu:& la plus dāgereuse
menace qu'il fait aux siens est quand il leur ˙Isaïe.
dit qu'il ne les chastira plus.   ca.1.&
                                                   Ezechi.
F. Pourquoy mesurez vous le bien au el.c.7.
pied du profit? P. Parce que tout ce qui est Psal.82.
bon est aussi vtile & profitable, & s'il n'est
vtile il n'est pas bon. & pour ceste cause les
Stoïciens disoyent fort a propos, que mal
ne peut iamais aduenir à l'homme de bien:
non pas pource que les choses contraires
ne se peuuēt mesler ensemble, cōme Boëce
& Seneque sont d'aduis (car nous auons

monftré que le mal n'eft iamais côtraire au
bien) mais d'autant que les chaftimens &
afflictions qui aduienent aux gens de bien,
qu'on eftime maux, luy font fort vtiles, voire autât neceffaires que le boire & le man-
ger à la vie des hommes.

F. Pourquoy donc Ariftote appeloit il
fages & vertueux Thales & Anaxagoras, &
neantmoins inutiles à eux mefmes, n'eftans
pas fi bons ménagers que luy, qui mourut
riche de plus d'vn milion d'or, & qui tira
d'Alexandre le grand pour compofer les liures des animaux quatre cents quatre vings
mil efcus. P. Parce que Ariftote à feparé
l'honneur d'auec le profit: mais Socrate a
beaucoup mieux dit, que la pefte la plus capitale qui aduint iamais aux hommes, pro-
ceda de ceux qui premierement ont feparé
le profit d'auec l'honneur.

F. Si eft ce qu'il y a beaucoup de chofes
vtiles qui n'ont ni bien ni mal en foi: comme le beftial, les fruits, les pierres, les metaux. P. Si tout cela eft profitable, puis que
nature ne produit rien qui ne foit vtile, il
faut auffi confeffer qu'il eft bon: c'eft pourquoy il eft efcrit que Dieu apres la creation
du monde, faifant la reueüe de toutes fes
creatures, iugea que tout eftoit tresbon: autant

tant dirons nous des richesses, que les Academiques mettoyent entre les choses indi-
feretes, & qui neātmoins sont appelees be-
nedictions de Dieu, quand elles ne sont pas
iniustement acquises, autant de la force, &
de la beauté des creatures, qui est vn rayon
de la beauté Diuine : & pour ceste cause les
anciens Grecs couployent tousiours ces
deux mots καλòν κỳ ἀγαθòν, c'est à dire bel &
bō, afin qu'on n'estimast rien estre beau qui
ne fust bon : & mesmes les Hebrieux voulās
dire qu'vne femme est tresbelle, ilz disent
qu'elle est tresbonne, comme les courtisans
du Roy d'Egypte ayās veu la beauté de Sa-
ra tresexcellente, ilz dirent au Roy qu'elle
estoit tresbonne, pour exemple. T'.

N'estimez vous pas que le bien & la
fin de chabune chose est tout vn ? Il faut
leuer ceste opinion d'Aristote qui a meslé le
bien & la fin tout ensemble, quoy qu'ilz
soyent fort esloignez l'vn de l'autre, car le
debuoir d'vn hōme, & la fin pourquoy il est
né, & le plus grād bien, & le souuerain biē
de plusieurs choses, sont du tout differents.

Qu'est ce que la fin ? c'est la cause
pour laquelle chacune creature est produi-
te en ce monde.

En quoy le bien de l'homme est il dif-
ferēt ?

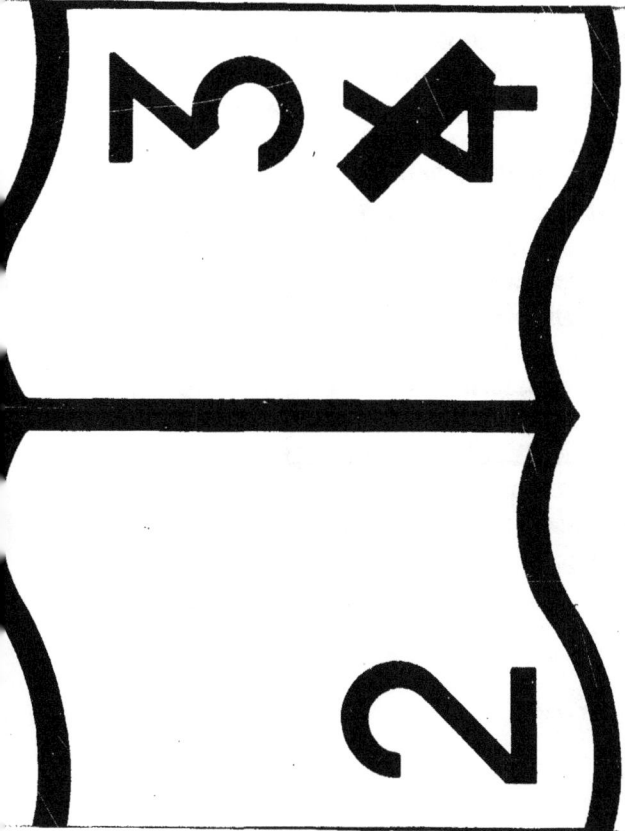

ferent de sa fin? p. La fin de chacune chose est hors la chose mesme, & ordinairemét
nous voyons que la fin d'vne creature se raporte à vne autre, iusques à ce qu'on soit
paruenu à la derniere & tresexcellente fin
de toutes choses: car il est bien certain que
rien n'est fait pour soy mesme: & neátmoins
le bié de chacune chose se raporte à la chose mesme, & est desiré pour le profit d'icelle,
& nó pas pour vne autre: car chacun s'aime
mieux que le bié qu'il cherche pour son aise
& cótentement, encor que le bié fust meilleur que la chose bonifiue.

p. Declarez moy s'il vous plaist plus ouuertement ce que vous entendez. p. Soit
pour exemple l'herbe qui est faicte pour la
nourriture du bestiail: & le bestiail pour l'v-
sage de l'homme, encor qu'il doibue bien
tost perir pour le seruice de l'homme: toutesfois il n'y a personne qui pense que telle
fin du bestiail soit leur bien, qui ne nuit iamais à celuy qui l'ha: ains au cótraire tous
animaux fuyent la mort autant qu'il leur est
possible: aussi la fin de l'homme n'est pas le
souuerain bien de l'homme: car chacun me-
sure son bien au profit ou plaisir qu'il en re-
çoit, qui n'a le plus souuét qu'vne apparence exterieure de bié: mais la fin de chacune
chose

foy mefme eft le fouuerain & parfait bien
infini : les autres biens font finis & impar-
faits, & d'autât moins font ils parfaits qu'ils
font eloignez du fouuerain bien{mais chacun ne peut il pas auoir & poffeder ce grád
bien trefparfait & infini, & par la ioüiffance
& poffeffion d'iceluy eftre tresheureux ?
P. Cela ne fe peut faire, foit que la chofe finie comme la creature, ne peut comprédre
Dieu qui eft infini : foit que le poffeffeur eft
toufiours plus eftimé que la chofe qu'il pof-
fede : de forte que fi l'hóme poffedoit Dieu,
il feroit plus grand & plus digne que Dieu:
c'eft pourquoy Platon difoit que nous ne
fommes pas poffeffeurs du bien, mais que
nous fommes bien heureux par la commu-
nicatiõ & participation du bien.

F. Dites moy donc s'il vous plaift en
quoy git le plus grand & dernier bien de
l'homme? P. en vne treflongue & tresheureufe vie : voila le plus grand loyer que le fage legiflateur à promis à ceux qui fuyant les
vices fuiuront la vertu, quád il dit, fi tu fais
cecy tu viuras longuement bien heureux,
qui ne s'entend pas feulement de cefte vie
prefente, mais bien de la vie future qui fera
beaucoup plus heureufe: auffi la lágue fain-
ĉte vfe du mot םיח, c'eft à dire vies. Quel-

quefois auſſi la fin des commandemens af-
firmatifs portent ces mots, ſi tu fays cecy il
ten prendra bien: & aux defenſes qu'il fait il
adiouſte ces mots, s'il t'aduient de contre-
uenir à ma defenſe il t'en prendra mal; pour
faire entendre qu'il ne reuient rien à Dieu
de tous les biens que nous ſçaurions faire,
ains que tout le bien & le mal que l'homme
fait il retourne ſur luy. F. Il y a beaucoup
de biens qui peuuent rendre l'homme heureux, les vns plus les autres moins : mais ie
deſire ſçauoir ce qui peut rendre la vie de
l'homme tresheureuſe. P. C'eſt le plus grãd
plaiſir, & le plus durable de tous, q̃ ne peut
eſtre ſenſuel, qui eſt ſi court & ſi cher vendu
qu'il tire apres ſoy la mort & ruine de l'hom
me. En quoy s'abuſoit le Grec Eudoxe cui-
dant que le plaiſir ſenſuel fuſt le ſouuerain
bien, parce qu'il eſtoit ardemment deſiré de
tous animaux : car le plaiſir des beſtes brutes ne ſe peut rapporter à la felicité humaine, d'autãt qu'il n'y a rien qui plus rauale la
viuacité de l'eſprit, & qui plus luy fait perdre ſon excelléce que le plaiſir ſẽſuel plus il
eſt grand & continué. c'eſt pourquoy Ar-
chitas Prince de Tarente diſoit tresbiẽ que
la plus dangereuſe peſte qui peut aduenir à
l'homme eſt le plus grand plaiſir ſenſuel, tãt
                                                    s'en

Iob.c.
38.

s'en faut qu'il soit le souuerain bié de l'homme: & qui neantmoins luy seroit tousiours
commun auec les bestes brutes, qui surpasse
royent en cela l'homme qui souffre pour vn
plaisir mile douleurs, que la beste ne sent &
n'apprehende point.

F. En quoy donc mettrons nous le plus
grand plaisir & de la plus grāde duree? P.En
la pleine & parfaite ioüissāce de la plus belle
& plus excellente chose de toutes, qui est la
fruitiō de Dieu qui ne se peut auoir que par
reflexion : en cela git la plus grande felicité
humaine: car de plus grande les hommes
n'en scauroyent imaginer ni penser:tous les
autres biens sont muables, ou beaucoup
moindres, & n'ont point en soy ce contentemét & douce trāquillité de l'ame, que les
Grecs appellent ευθυμίαν, qui fait cesser tous
desirs.

F. Puis qu'il n'y a bien si excellét, ni plus
beau, ni mesmes qui soit en rien egal à Dieu,
& qu'en la ioüissance d'iceluy vous posez
le souuerain bien de l'homme : il s'ésuit que
l'ame de l'homme qui est finie, peut ioüir
d'vne chose infinie, qui semble contraire à
ce que vous disiez tantost, que l'homme ne
peut posseder Dieu infini, & infinimét plus
excellent que l'homme. P. Nous vsons des

choſes caduques & fragiles, & ioüiſſons
des choſes eternelles humainement, c'eſt à
dire en tãt & pour tant q̃ la capacité humaine peut ſouffrir: tout ainſi q̃ le mirouer d'autant plus qu'il eſt grand, pur, net, & bien a-
plani egalement, d'autãt mieux il repreſen-
te la choſe qui luy eſt miſe au deuant, & ne
contient pas pourtãt la choſe qui luy eſt re-
preſentee : ainſi eſt il des creatures intellectuelles qui recoyuent la fruition de Dieu
ſelon leur grandeur & capacité.

F. Pourquoy dites vous que la ioüiſſance d'vne choſe de ſi rare & parfaite beauté
ne ſe peut auoir que par reflexion? P. Affin
qu'on ſache que le ſouuerain bien de l'homme ne git ni en action, ni en cõtemplation
ſimplement, comme pluſieurs eſtimẽt, mais
bien en vne certaine effuſion de lumiere diuine qui aduient à l'homme quand il ha la
viſion de Dieu.

F. Pourquoy donc Ariſtote, Plutarque,
Seneque, Epictete, Ciceron, Arrian, & tous
les Stoiciens tienent que l'hõme vertueux
eſt treſcontent de ſoy meſme, & ne cherche
rien hors ſoy, ce que le mot Grec *αὐταρκέςα-*
τος, c'eſt à dire treſcontent de ſoy meſme,
ſemble ſignifier. P. Ce mot Grec ne ſe peut
attribuer ſinõ à Dieu ſeul, que les Hebrieux

en

chofe eft certaine & ordonnee par le createur, encor qu'il y ait vn bien cõmun à toutes chofes, afcauoir d'eftre bien felon fa nature & qualité.

F. Ce feroit chofe infinie de rechercher
par le menu la fin de toutes chofes : il me
fuffira biẽ pour le prefent de fcauoir à quelle
fin l'homme eft venu en ce monde. P. Pour
la gloire de Dieu, qui eft la derniere fin de
toutes chofes: en quoy le Philofophe Auerroes s'eft mefpris difant que l'homme eft la
fin de toutes chofes:car les caufes eternelles
ne dreffent pas le but de leurs actions pour
autre que pour foymefmes, & n'eft pas conuenable à la Maiefté Diuine de rapporter
œuures à autre que à foy mefme.

F. Pourquoy? P. car nature ne peut fouf-
frir vne fuite infinie de caufes, & celuy qui
la voudroit pofer il aneantiroit du tout la
nature du fouuerain bien qui ne fe pourroit
iamais trouuer.

F. Comment fe peut il faire que celuy
qu'on rotit tout vif à petit feu foit paruenu
à la fin à laquelle il eftoit né, ou qu'il ferue
en defpit de luy à la gloire de Dieu? P. affin
qu'on fache que le biẽ & la fin de l'homme
font fort differents, & qu'il n'eft pas conuenable à la Maiefté Diuine de rien faire que

B

pour le respect premier & principal de soy
mesme, encor que ses creatures seruent les
vnes à l'vsage des autres : c'est pourquoy
Prouer. Dieu parlant de ses œuures, i'ay fait, dit il,
cap.15. toutes choses pour moy, voire le plus meschant pour seruir à ma gloire au iour de la
vengeance.

F. Encor ne puisse entendre comme il
se peut faire que les meschans seruent en
dépit d'eux à la gloire de Dieu qu'ils ont en
abomination. P. Cela se void quand les
hómes detestables sont éleuez au plus haut
lieu d'estat, pour estre plus lourdement ge-
tez & precipitez aux plus bas lieux: ou bien
quand Dieu tourne les homicides, larcins,
& sortileges à la perdition des meschans, ou
bien au chastiment salutaire des siens: car
on peut tenir ce beau secret pour maxime
trescertaine de la bonté de Dieu, quoy que
facent les meschans, iamais toutesfois Dieu
ne permet aucun mal estre fait, s'il ne cognoist qu'il en puisse reussir vn plus grand
bien, & que sa gloire en soit plus eclarcie:&
toutesfois on ne peut dire que le meschant,
qui souffre la iuste peine de sa vie execrable,
soit bien heureux, ou que Dieu soit frustré
du fruit de sa gloire, lequel parlant de Pharaon, ie tay, dit il, fait naistre en ce monde,
                                        affin

affin de faire cognoiſtre en toy ma puiſſance,& que par ce moyen mon honneur ſoit
publié par toute la terre : & toutesfois la fin
de ce grand Roy fut tres miſerable : ce qui
ſ'entēd auſſi d'vn ſens plus ſecret de ce grãd
Pharaon deſtructeur des choſes elementai-
res, qui toutesfois n'en ſcauroit tant ruiner
que Dieu en peut refaire en vn momēt : car
ce qui eſt eternel n'eſt point ſubiet à la me-
ſure du temps.

    F. Puiſque vous auez ſeparé le bien de
chacune choſe d'auec la fin d'icelle, & la felicité humaine du ſouuerain biē, pourquoy
ne dirons nous que ce grand & ſouuerain
bien eſt le ſubiet de la ſciéce morale? P. C'eſt
bien l'aduis d'Ariſtote traitant du ſouuerain
bien: mais d'autāt que Dieu eſt de ſoy meſme parfaitement bon ſans auoir égard à ſes
creatures, il ne peut eſtre le ſubiet de la ſcien
ce morale , bien eſt il le ſeul & principal but
de la theologie.

    F. Que dirons nous donc qui eſt le ſub-
iet de la ſcience morale? P. L'homme diſpoſé à receuoir la felicité humaine.

    F. Pourquoy? P. Car toute ſcience qui
git en actiō, ha pour ſubiet la choſe à la quel
le le fruit & profit d'icelle eſt acquis: comme la medecine ha pour ſubiet le corps hu-

main, pour lequel on cherche des remedes,
& non pas les medicaméts, ni la santé mesmes n'eſt pas deſirce pour le reſpeĉt d'icelle,
mais pour le bié du corps: ainſi dirons nous
que le ſubiet de ceſte ſciéce morale n'eſt ni
la fin de l'homme, ni ſon bien, ni l'aĉtion de
vertu, ains l'homme diſpoſé à receuoir la felicité humaine, pour lequel on cherche de
bons preceptes, & auertiſſemens ſalutaires,
ſoit pour conſeruer la ſanté de l'eſprit, ſoit
pour la recouurer quand elle eſt perdue,
ſoit pour chaſſer les peſtes & maladies de
l'ame, ſoit pour acquerir à l'homme ſon der
nier bien.

F. I'auois appris d'Ariſtote que le ſouuerain bien eſt ce qui eſt deſiré pour le ſeul
reſpeĉt d'iceluy. P. Il ſ'abuze auſſi en cela,
car ſoit que le bien qu'on deſire ſoit verita-
ble oû apparent, il n'eſt pas deſiré pour ſon
reſpeĉt, mais pour le regard de celuy qui le
deſire & qui en veut ioüir : & meſmes nous
ne deſirons pas voir les choſes tresbelles
pour le reſpeĉt de leur beauté, ains pour noſtre plaiſir & cōtentement. Il ſ'enſuit donc
que le ſouuerain bien de l'homme n'eſt pas
le ſubiet de ceſte ſciéce : & beaucoup moins
le ſouuerain bien de ſoy qui eſt Dieu.

F. I'enten maintenant que Dieu de
ſoy

bien aux chofes terreftres & fragiles, comme aux chofes celeftes & diuines. or iamais
l'efprit gétil ne ceffe qu'il ne vole peu à peu
au plus haut ciel, iufques à ce qu'il foit paruenu à la plus belle & plus excellente chofe
du móde pour la bien cognoiftre,& y prendre fon plaifir & contentemét par la vifion
& ioüiffance d'icelle, de laquelle parlant ce
bon Roy & poëte lyrique difoit,

    Pluftoft Seigneur me mettras au fentier,
    Qui me conduife a vie plus heureufe:
    Car à vray dire on n'a plaifir entier,
    Qu'en regardant ta face glorieufe.

Et en autre lieu il s'efcrie bruflant d'vn ar-
dant defir de cefte felicité,

    Helas donques quand ferace
    Que verray de Dieu la face?

Mais telle ioüiffance eft paffiue, & non pas
aĉtiue, qui eft du tout cótraire à la contemplation des chofes inferieures à lefprit humain, qui agit aucunement en les contem-
plant : mais quand il s'efleue par deffus foy
mefme à l'intelleĉt aĉtuel, qui eft l'Ange, ou
a Dieu qui eclaircit de fa lumiere diuine les
tenebres de nos ames, alors il fouffre que
Dieu agiffe en luy : tout ainfi que l'œil agit
quand il confidere la terre : mais il fouffre
quand il fe tourne vers le foleil.

F. Toutesfois nous lifons, ce me femble,
quc le fouuerain bien de l'homme git en la
droicte cognoiffance de Dieu. P. C'eft biẽ
le degré le plus proche à l'amour de Dieu:
car il eft impoffible de bien aimer deuant
que de cognoiftre: & pour neant toutesfois
aimeroit on qui n'auroit efperance de ioüir
de la chofe aimée:à quoy fe rapporte ce que
difoit le maiftre de fageffe, cognoiftre Dieu
eft la droite iuftice, & la cognoiffance de fa
puiffance eft la racine d'immortalité:il dit la
racine, car le fruit de felicité git en la ioüiffance. Et tant que les hõmes font en la terre
parfemée de vices & ronces efpineufes, ou
plaine de marefts fangeux , quelque vertu
qu'ils ayent, qui toutesfois n'eft pas grande,
neantmoins elle fe rapporte toufiours à l'a-
mour, & l'amour à la ioüiffance & fruition
de ce qu'õ aime: car chercher ce qu'on doit
aimer, & l'ayant trouué & cognu, & puis aimé fans efperãce de ioüir, ce n'eft q̃ languir:
ce n'eft donc pas en la cognoiffance que git
le fouuerain bien:mais en la ioüiffance: c'eft
pourquoy l'amie de ce grand Roy ayãt efté
volée, batue, bleffée en recherchãt par tout
fon ami, s'adreffe aux dames d'honneur, ie
vous cõiure dit elle que fi vous rencontrez
mon amy luy dire que ie langis d'amour.

F. Puis

(marginal notes:) Io.c.20 — fap.c 15 — au cãti-que des cantiq.

F. Puis donc que les hommes ont si peu
de cognoissance de ce bien souuerain tant
qu'ils sont atachez au corps, & beaucoup
moins de ioüissance d'iceluy, qui pouuons
nous dire estre les plus heureux en ce mode
apres ceux la que vous auez dit estre tresheureux? P. Ceux à qui Dieu à departi la
lumiere de prophetie, & qui ont la communication du bon Ange, que les autres appellent l'intellect actuel, de la splendeur duquel
les gens de bien sont instruits par songes &
visions de tout ce qu'il faut suiure & fuir, &
auertir les Princes & les peuples de la volo-
té de Dieu.

F. Vos discours ne s'accordent pas à ce
que dit Aristote, que la vie bien heureuse
git en l'action de vertu, & non pas en la pos-
session d'icelle, autremet, dit il, les hommes
endormis seroyent bien heureux. P. On
void en cela qu'il n'a pas entendu la vraye
felicité humaine : car les plus diuins perso- excepté
nages qui furet onques n'ont iamais perceu Moyse
ceste ioüissance diuine sinon en dormant: Num.
c'est pourquoy la felicité de l'home se par- cap. 12,
fait quand Dieu agit en luy par effusion de
sa lumiere & vision de sa beauté, qui na'uiet
iamais à l'homme veillant : s'il ne veille à la
façon qu'il est dit au cantique d'amour, mon

corps dort & mon cœur veille.

F. Mais d'autāt qu'il y en ha peu qui aiét
ceste communication familiere de l'Ange,
& beaucoup moins de ces excellens Pro-
phetes, les gens de bien mediocrement fages ne ferôt ils pas bien heureux en ce monde? P. Pourquoy non? car il y a plufieurs
degrez de felicité: l'homme riche qui ha iu-
ftement acquis, ou bien à qui Dieu fans labeur ha dōné des biés eft hureux en cela, &
les Grecs appellêt ceftuila ὄλβον, & les Latins beatū: & celuy qui ha la fanté du corps
affeurée eft encor plus heureux: mais la fanté de l'efprit eft encor meilleure: & l'ame ver
tueufe plus heureufe que celle qui manque
de vertu: & entre les vertueux l'hôme d'vn
cœur genereux ha vne belle partie de felicité, & l'homme prudent & modefte encor
plus:& beaucoup plus celuy qui à l'ame pure & nette de paffions turbulétes, prenant
fon plaifir à contempler les chofes celeftes:
mais celuy fe peut dire encor plus heureux
qui ha la vraye fapience & cognoiffance de
la premiere caufe: & s'il ha le don de l'intellect actuel, que le philofophe Auerroes appelle l'intellect otroyé, qui eft l'Ange de
Dieu fe cōmuniquāt a luy, il approche fort
pres de la felicité fouueraine, qui git en la
iouiffan-

en mesme signification appellent שיר, car
tous les biens, graces, & vertus soit de corps
ou d'esprit que l'homme peut auoir, il ne les
tient que de Dieu, auquel il doibt tout rapporter, & viser à luy tellement, qu'il depen-
de en tout & par tout de luy seul, s'il veut
ioüir de ce grand & parfait plaisir, ce qui ne
se peut faire sinon en l'aimāt d'vn tresardent
amour, & qu'il soit aussi bien aimé de celuy
duquel il desire la ioüissance.

F. Il semble donc qu'il vaudroit mieux
mettre la felicité de l'homme en la parfaite
vnion & conionction de l'ame auec Dieu,
plustost qu'en la ioüissance de la beauté d'i-
celuy par vne effusiō de sa lumiere. P. Plusieurs sont de cet aduis, & se fondent sur lopinion de Platon, qui n'a iamais pensé de
mesler le createur & la creature ensemble:
mais bié disoit il que l'homme tresheureux
est celuy qui plus ressemble à Dieu: car si l'v-
nion de Dieu & de l'ame humaine se faisoit,
l'essence diuine & humaine ne seroit qu'vne
mesme essence, & pour ce faire il faudroit
mesler & vnir en mesme subiet la creature
& le createur, la chose finie & infinie, le tres-
parfait, & imparfait: & d'autant que la diui-
nité est impatible & indiuisible, celuy qui
auroit vne partie de Dieu, qui toutesfois n'a

Syrian
sur les
Ethiq.
Boece
lib. 3. de
cōsolat.

point de parties, il feroit luy mefme Dieu:
en quoy la plufpart des Academiques, & le
Stoique Arrian fe font abufez, eftimãs que
l'ame de l'homme foit vne petite portiõ de
Dieu: car il ne fe peut rien dire plus contraire à la nature Diuine que la diftraire en parties: Salomõ à bien parlé plus difcretemẽt,
quand il à dit que celuy qui aime Dieu de
bõ cœur s'aproche fort pres de luy, auquel
il nous eft enioint de nous ioindre & adhe-
rer, & non pas de nous vnir à luy, chofe in-
conpatible à la nature Diuine, & impoffible
à la creature, foit humaine ou angelique.

F. Pourquoy ne mettrõs nous la felicité de l'homme en vne gloire affeuree, ou en
l'affluéce de richeffes & delices, ou au grãd
nombre de bons amis, ou en la parfaite fanté du corps, ou en celle trãquillité de l'ame
qui ne fouffre aucũ trouble, ou biẽ és beaux
exploits heroiques & vertueux, ou bien en
toutes ces chofes enfemble? P. Ce comble
de tous biens plaifoit fort à Ariftote, pour
acomplir de tout point la felicité humaine,
à laquelle on ne pũiffe plus rien fouhaiter:
mais il n'y a propos ny apparéce de vouloir
accoller tãt de chofes enfemble, qui font en
partie incompatibles. d'auantage la nature
des biens a certains degrez, & ne vienent
iamais

iamais enſemble, & ne furent onques veus
en vne perſóne, cóme auſſi il ne s'eſt iamais
veu vne telle meſlange de tous biens auoir
tant ſoit peu duré en la vie humaine ſubiete
à mil & mil calamitez : & meſmes leſ plus
ſages tienent que telle continuation de richeſſes, de plaiſirs, & d'honneurs eſt vn certain argumét d'vn homme qui ne vaut gue-
res: car les richeſſes grandes ne ſe peuuent
amaſſer que par vertu , & ceux qui mettent
leur felicité en richeſſes, par neceſſité s'eſti-
mét moins que les richeſſes : car on ne peut
dire felicité , ſi elle n'eſt plus excellente que
celuy qui la deſire: & quant à la ſanté, forcé,
& beauté du corps, elles ne ſe peuuent rapporter qu'à l'ame qui eſt plus digne que le
corps : quant à la gloire, elle dépend d'vne
vaine opinió d'autruy : & les vertus ne ſont
pas plus honorees pour la gloire de la perſóne, ains au cóttaire l'hóneur dépend des
vertus: les amis ſont recherchez pour la neceſſité , & neantmoins celuy qui s'y fie eſt
maudit de Dieu : & quát aux affaires d'eſtat
que manient les Princes & Gouuerneurs,
elles ſe rapportent touſiours au repos, & l'a-
ction de vertu à la contemplation , celle-cy
à la cognoiſſance du ſouuerain bien : la cognoiſſance duquel cauſe l'amour, & l'amour

hierem
cap. 30.
maudic
celuy q̃
ſe fie en
l'hóme.

tend à la ioüiſſance : bref on ne peut dire a-
uoir ataint le ſouuerain bien quand on peut
paruenir à quelque choſe de meilleur : & par
conſequét la felicité humaine ne peut eſtre
en toutes choſes enſemble, ſi on ne veut
meſler le pire & le meilleur incompatibles
par nature en meſme ſubiet.

F. Pourquoy ne peut on faire pluſieurs
felicitez extremes ? P. Parce que chacune
ayant meſme force de rédre l'homme bien
heureux , pas vne ſeule ne ſe pourroit appeler felicité ſouueraine, car il n'y a rié de ſouuerain entre choſes egales : & ſi l'vne ſuffi-
ſoit, toutes les autres ſeroyent inutiles : &
puiſque Ariſtote auoit mis l'action de vertu
pour le ſouuerain bié de l'homme, il ha ſans
propos entremeſlé les richeſſes, la force, la
ſanté, eſtimant plus heureux celuy à qui la
fortune comme il parle enfle les voiles que
l'hóme vertueux affligé de maladie & pau-
ureté : car c'eſt fouler aux pieds l'honneur
du ſouuerain bien.

F. Puiſque le ſouuerain bien ne git pas
en action, pourquoy ne dirós nous comme
Platon qu'il git en contemplation ? P. Parce
que le mot de contemplation eſt equiuoque, & ne ſignifie pas de ſoy la ioüiſſance di
uine, car la cótemplation ſe rapporte auſſi
bien

ioüiſſance de la viſion de Dieu.

F. Puis dõc qu'il n'eſt pas moins, & peut eſtre plus neceſſaire aux voyagers de ſcauoir quel chemin il faut tenir, q̃ de ſcauoir ou il faut aller, dites moy s'il vous plaiſt quel eſt le deuoir de l'homme qui veut paruenir à ceſte vie la ſi heureuſe? P. C'eſt faire les commandemens de Dieu.

F. Eſt il en la puiſſance de l'homme de ce faire? P. Pourquoy non? autrement ce n'eſt rien commander quand on commande ce qui eſt impoſſible de faire, comme diſoit tresbien Demoſthene: & penſez vous qu'il y eut onques Legiſlateur, ni Prince ſi mal aduiſé de commãder choſe impoſſible, à laquelle perſone ne peut eſtre obligé ? & s'il y eut onques tyran ſi cruel, ce que ie ne leu iamais, ſi eſt-ce que cela ne peut aduenir à ce grand Legiſlateur de nature tresbon & treſpuiſſant, veu meſme ce qu'il dit, Mon fardeau eſt leger, & mon ioug aggreable: & ceux qui diſent le contraire ne cherchent autre choſe que l'euerſion de toutes loix Diuines & humaines.

F. Pourquoy? P. Car non ſeulement les loyers des bienfaits, & la peine des forfaits ſeroyent illuſoires: ains auſſi les plus mechãs reieteroyent ſur Dieu le cõble de tous leurs

pechez. or c'eſt vn point reſolu entre tous
les philoſophes & theologiens, Que toutes
actions ſont en la puiſſance de l'homme,
quand le fondement & principe d'icelles
ſont en la puiſſance d'iceluy: Si donc la volonté qui eſt en nous eſt le principe de toute action, auſſi ſeront en noſtre puiſſance les
actions qui dépendent de la volonté. c'eſt
pourquoy la loy ne punit iamais les furieux
& du tout inſenſez , encor qu'ils euſſent tué
pere & mere, nõ pas pour la raiſon du iuriſ-
conſulte, diſant qu'ils ſont aſſez tourmétez
de leur folie : car ſi vn autre qui ſeroit tour-
menté des goutes auoit tué ſon pere, la douleur ne l'exépteroit pas de la peine de mort,
de laquelle l'homme furieux eſt exempt,
parce qu'il n'a pas le principe des actions
qu'il fait en ſa puiſſance.

F. Que vouloit donc Platon quand il
diſoit que perſonne n'offenſe ſinon contre
ſon gré? P. Ie n'é ſuis pas d'accord auec Platon, veu qu'il n'y a aucun peché s'il n'eſt fait
de plain gré, & ne ſuffit pas d'vne ſimple vo
lonté : car la peur & la force contraint ſouuent de faire choſe qu'on ne feroit iamais, ſi
la volonté eſtoit franche: comme celuy qui
iette en mer les precieuſes marchandiſes
pour ſauuer ſa vie: c'eſt pourquoy on otroie
remiſ-

remiſſion à celuy qui n'a peu échapper, ſinõ
en tuant celuy qui l'aſſailloit, qui autrement
ſeroit puni capitalement. Il n'y a point de
peché capital s'il n'eſt fait de plein gré. En-
cory en ha il de ſi mechans qui n'ont autre
ſuiet d'offéſer que pour le plaiſir qu'ils cher-
chẽt à faire mal, qui eſt bien loin de l'aduis
de Platon, & de Thomas d'Aquin, qui ha
tenu pour maxime qu'il n'y a iamais de peché en la volõté s'il n'y a defaut en la raiſon: car la raiſon eſt touſiours droicte & en-
tiere, autrement ce n'eſt pas raiſon : mais la
faute vient de la volonté, quand elle ploye
ſoubs l'appetit beſtial.

F. Il me ſemble auoir ouy dire ſouuent,
qu'on ne ſcauroit executer les commandemens de Dieu ſans ſa volonté & ſon aide
ſpecial. P. Non pas ſoufler ni reſpirer vn
ſeul moment.

F. Ie n'enten pas ſeulement de ſon aide
ordinaire qui procede des cauſes naturelles
ainſi qu'elles ſont ordõnees de Dieu en tout
ce monde, ains auſſi de ſon aide extraordinaire en diſpoſant les hõmes, ou les Anges,
ou quelques autres creatures à noſtre ſecours. P. Cela n'eſt point neceſſaire : car ſi
l'œil par la proprieté que Dieu luy a donné peut voir & preuoir les dangers que la

perſonne pourroit encourir ſans l'aide de
Dieu extraordinaire,pourquoy l'ame vſant
de la vertu & puiſſance que Dieu luy ha dô-
né, vſant de ſa raiſon naturelle ne pourra
auſſi bien fuir le mal, & ſuiure le bien ſans
autre aide extraordinaire? & ſi nous faiſons
bien les commandemens des tyrans , quoy
qu'ils ſoyent cruels & difficiles d'executer,
ſans l'aide de Dieu, ains contraires à ſa loy:
combien eſt il plus facile d'executer les or-
donnâces de Dieu, qui ne ſont rien que ſes
loix tresbelles & tresfaciles? ce que ie di nô
pas pour monſtrer que l'aide de Dieu extraordinaire non plus que l'ordinaire manque
à celuy qui s'eſt diſpoſé à faire bien : mais
affin que les mechans ne facent voile à leur
vie deteſtable en s'excuſant qu'ils ne peuuent executer les loix de Dieu, reietans ſur
luy leur faute.

    F. Ie vous prie de grace m'eſclercir ceſte
difficulté. P. Perſone n'eſt mechât qui fait
ce qu'il ne peut euiter:or les hommes ont la
puiſſance de fuir le mal & ſuiure le bien ſans
l'aide extraordinaire,ou ils ne l'ont pas: s'ils
ont la puiſſance, ils n'ôt pas beſoin de l'aide
extraordinaire: s'ils ne l'ont pas,ils n'offen-
ſent point de ſuiure le mal : car quelle peine
ou loyer pourroit meriter celuy qui ne peut
                        de

de foy mefme faire bié ni mal?or nous auós
dit cy deſſus que Dieu n'a rien commandé Deuter
c.28.29
d'impoſſible à faire: ains toutes chofes faci- Ecclef.
les, raifonables, equitables, & naturelles. cap.15.

F. Ie croy bien que nous pouuós fuir le
mal, eſtans feulement guidez de la lumiere
de raifó: mais d'ateindre les vertus illuſtres,
d'eſtre iuſte & entier, ie ne penfe pas que cela fe puiſſe faire fans laide extraordinaire de
Dieu. P. Toutesfois Socrate difoit que fon In the-
bon Ange le deſtournoit bien de faire mal age.
& d'inconuenient, & neantmoins il ne l'ad-
uertiſſoit pas de faire bien : car il eſt beaucoup plus expedient fe garder de mal que
de faire bien. Mais pour oſter toute difficulté, ie vous accorde que nous auons auſſi befoin de l'aide extraordinaire : fi eſt-ce que
tous font d'accord que Dieu ne refufe iamais fon fecours à qui luy demande : & le
plus fouuét il offre à celuy qui ne le demande pas, & vient au deuant de ceux qui ne
péfent pas en luy, voire mefme il fe prefen- Iob 38.
te à ceux qui dorment pour les reueiller, &
inciter a faire bien : & qui plus eſt il enuoye
fes Anges & ambaſſadeurs viſibles & inui-
fibles, qui fans ceſſe nous pouſſent & nous
incitent à faire bien, & nous en offrent tous
les moyens qu'il eſt poſſible d'imaginer: qui

font tous moyens extraordinaires : il faut
donc confeſſer que nous pourrons toutesfois & quâtes que nous voudrôs mettre en
execution les cômandemens de Dieu d'vne
pure & franche volôté: car Dieu n'aime pas
vne volonté forcée.

F. Si la volonté eſt forcée, il me ſemble
que ce n'eſt plus volonté. P. Si la volonté
franche eſt en ce que nous faiſons de bon
cœur, comme quand nous recherchons les
plaiſirs de l'eſprit ou du corps: la volôté con
trainte eſt celle qui eſt pouſſée de quelque
crainte: d'autât que ſi elle eſt forcée du tout,
ce n'eſt plus volonté: car pluſtoſt on peut
mourir que de rien faire à côtre cœur: comme Origene aima mieux idolatrer que de
ſouffrir vne vilenie en ſô corps: & Lucrece
aima mieux ſouffrir vn adúltere, que d'eſtre
tuée entre les bras d'vn eſclaue, ne pouuant
autrement ſauuer ſon honneur : toutefois
l'vn & l'autre l'a voulu: l'autre ſorte de volôté q n'eſt pas franche, eſt de ceux qui offen-
ſêt eſtans yures, ou qui profitent en voulâs
nuire: côme celuy q perça d'vne dague l'a-
poſteme interieure à Pher. Iaſon, le voulant
tuer, guarit ſon ennemi q ne trouuoit aucû
remede à ſon mal: il fit vn bien, mais d'autât
qu'il fit malicieuſemêt, il meritoit peine capitale:

pitale:car il faut toufiours mefurer les actiõs
humaines au pied de l'intétion d'vn chacũ:
laquelle intention eft de telle confequence,
que vne mefme actiõ peut eftre treflouable
& trefmechante, changeant l'intention. Et
qui à il de plus beau que loüer Dieu ? & toutesfois celuy qui le fait pour acquerir repu-
tation d'homme de bien enuers celuy qu'il
veut tromper, il eft trefmechant : auffi eft il
honefte de donner l'aumofne pour l'amour
de Dieu : mais fi on le fait pour enrichir fa
maifon (dautant qu'il n'y a meftier plus lucratif que donner beaucoup d'aumofnes
comme difoit Bafile le grãd) il n'y aura pas
tãt de merite : & fi on le fait pour vne vaine
ambition , c'eft vn vice: fi on donne le bien
d'autruy,c'eft vn larcin:fi on dõne aux pauures les biens des veufues & orphelins,c'eft
vn facrilege : car c'eft voler ceux à qui Dieu
fur tous veut aider: mais on ne peut dire
qu'il y ait volonté quand on n'entẽd pas ce
que lon fait : comme celuy qui à tué fon a-
my pour l'ennemy : toutefois l'ayant peu &
deu preuoir, il n'eft pas excufable, encor
qu'il foit puni plus legerement.

F. Dirons nous donc que celuy n'offen-
fe pas qui tue en cholere,ou qui dérobe des
viures preffé de la faim? P. On ne peut écha

per par là, car touſiours la raiſon ha puiſſan-
cé de commāder aux cupiditez par cōman-
demēt ſeigneurial:mais bien les peines ſont
plus ou moins griefues, pour la varieté infinie des occurrences, du temps, du lieu, des
perſonnes.

F. Comme ainſi ſoit que vous ayez fait
differéce entre la felicité humaine & le ſou-
uarain bien, dirons nous auſſi qu'il y a difference entre le debuoir & la fin de l'homme? P. Ariſtote n'a fait qu'vn de tout cela:
car en tous les lieux ou il parle du ſouuerain
bien (que nous appelons Dieu) il entend la
felicité humaine qu'il dit eſtre en l'action
de vertu:& met auſſi la fin de l'homme en la
meſme actió de vertu : or nous auons montré cy deſſus que la fin de l'homme eſt hors
l'homme:& que le bien de l'homme luy aduient d'vne cauſe exterieure : & le debuoir
de l'homme procede de la cauſe interieure
qui eſt en l'homme, & ſe rapporte à vn plus
grand bien : encor qu'il aduient ſouuét que
le bon medecin fera ſon debuoir enuers le
malade de le bien ſoigner & medicamēter,
qui pour tout cela ne guarira pas: ainſi void
on que la fin du medecin eſt meilleure &
plus deſirée que ſon debuoir : auſſi la fin de
l'homme ſurpaſſe le debuoir d'iceluy : & ſa
felici-

felicité est plus que l'vn ny l'autre.

F. En quoy donc mettez vous le parfait
debuoir de l'homme pour acquerir la felicité qu'il pretẽd? P. C'est à seruir Dieu d'vn
cœur entier.

F. En quoy git le moyen debuoir? P. A
procurer tout bien au public, tout honneur
à pere & mere, toute amitié à ceux qui le
meritent, & rendre à chacun ce qui luy appartient.

F. Qui est le point principal du seruice
Diuin? P. C'est de l'aimer & loüer de tout
son pouuoir, & rapporter tout son bien &
fiance à luy seul.

F. Pourquoy? P. Car les autres vœux &
prieres se font pour obtenir pardon des fau
tes, ou pour échaper les calamitez à venir,
ou pour auoir quelque bien : & en tout cela
nous y cherchons tousiours nostre profit:
mais la fiance, amour, & louange de Dieu se
rapporte seulement au seruice & hõneur de
celuy que nous aimons ardemment, & auquel nous auons toute fiance.

F. Qui sera celuy qui aimera Dieu plus
ardément, ou qui chãtera mieux ses louan-
ges? P. Celuy qui plus approchera de sa
vraye cognoissance.

F. Qui est celuy qui plus approche de sa

cognoiffance? P. Celuy qui mieux entéd fa
puiffãce, fa bõté, fa fageffe, fes faits, fes iugemens, & qui mieux cognoiftra le grãd chef
d'œuure admirable de ce mõde, lordre, lac-
cord, & l'vfage de chacune partie d'iceluy.

F. Qui fera celuy qui mieux entendra
toutes ces chofes? P. Celuy à qui Dieu de-
partira plus de fa lumiere, & celuy plus en
aura qui plus l'aimera.

F. Vous dites que le parfait debuoir de
l'hõme eft d'aimer & haut loüer Dieu d'vne
ardente affection, & d'auoir toute fa fiance
en luy : mais commét eft il poffible d'aimer
fi ardemment ce qui eft infini en effence &
lib. 8.c. puiffance? nous ne pouuõs, dit Ariftote, ai-
7.8.& 11.Ethic mer ce qui eft infini, car l'amitié eft entre
chofes egales: or il n'y a ni raifon, ni comparaifon fortable de ce qui eft fini à vne chofe
infinie. P. Si la raifon d'Ariftote eftoit fon
dée en raifon, Dieu qui eft tresbon & trefpuiffant n'aimeroit iamais fes creatures, def-
quelles toutesfois il eft treffoigneux, iufques aux plus petites, ains il nous hairoit
d'autãt plus qu'il y a à dire entre luy & nous
Deut. 6 en toutes fortes: & pour neant nous feroit il
enioint du plus haut & plus expres commã-
dement de tous que nous ayõs à l'aimer de
tout noftre cœur, puiffance & affection. Encor eft

cor est il plus estrange qu'Aristote dit que
l'amitié n'est qu'entre ceux qui sont aucunement egaux, veu qu'il n'y a point ordinai-
rement d'inimitié plus grâde qu'entre ceux
la, soit qu'il y ait combat de l'honneur, ou de
la force, ou de la beauté, ou du scauoir, ou
des richesses : aussi les anciens Poëtes sont
bien d'aduis contraire, ayans figuré que l'a-
mour fut engendré de Porus & de Penia au
Iardin de beauté : c'est à dire d'vn pere tres-
riche & d'vne mere trespauure, qui est Dieu
& la nature humaine : car il n'y a rien plus
riche, ni plus beau que Dieu, car toutes les
beautez du monde ne sont que les rayons
de sa beauté infinie : & n'y a rien plus nud,
plus pauure, ni plus difforme que la nature
humaine, si on vient la parâgonner à Dieu:
& tout ainsi qu'il n'y a riē plus beau, ni plus
amiable que Dieu : aussi n'y a il rien q̃ plustost rauisse, & qui plus estroitemēt embrasse ceux qui l'aiment, & luy mesmes darde
les premiers traits & flammes d'amour en
nos cœurs pour nous attirer à luy.

F. Puis donc que la ioüissance du souuerain bien dépend de l'amour, & l'amour
dépend de sa cognoissance, & la cognoissance d'iceluy dépend de la science de ses
œuures, de ses loix & iugemens, laquelle

ſcience prouient d'vne effuſió de ſa lumiere
qui eſt d'autant plus grande en ceux la qui
ont fait plus grãd amas de vertus, dites moy
s'il vous plaiſt que c'eſt de vertu. P. c'eſt vne
qualité loüable acquiſe à l'ame.

F. Qu'eſtce que vice? P. c'eſt vn defaut
de vertu.

F. Pourquoy ne dirons nous auſſi que le
vice eſt vne qualité vituperable acquiſe à
l'ame, puiſque les choſes cõtraires ont leurs
definitiõs contraires? P. parce que la diuer-
ſité du vice à la vertu ne git pas en contrarieté, comme Ariſtote l'a voulu, mais en priuation & defaut: car tout ainſi que la vertu
eſt vn bien, auſſi le vice eſt vn mal : or nous
auons mõſtré cy deſſus que le mal n'eſt rien
que priuation de bien: & par conſequent le
vice n'eſt que priuation de vertu.

F. Plus clairement s'il vous plaiſt, parce
que la choſe merite d'eſtre bien entendue.
P. Tout defaut ou priuation exclud l'habitude & acquiſition : Tout mal eſt defaut ou
priuation de bien : il s'enſuit donc que tout
mal exclud d'habitude ou acquiſitiõ. Auſſi
ſeroit-ce vne lourde abſurdité vouloir definir ignorãce vne acquiſition d'erreur, ou de
folie, veu que ce n'eſt autre choſe que faute
de ſcauoir. & en cas pareil de l'intemperãce
& in-

& iniuſtice, qui ſont ſignifiées par la propoſition *in*, qui eſt priuatiue & excluſiue de toute habitude : c'eſt pourquoy pluſieurs ſuiuans l'herreur d'Ariſtote ont perdu le papier, voulans definir les vices par habitudes auſſi bien que les vertus.

F. Mais le vice ne s'aquiert il pas par pluſieurs actions vicieuſes? P. Ainſi l'eſcrit Ariſtote: & par ce moyē il ne ſera pas homicide qui n'aura tué beaucoup d'hommes, ni adultere qui n'aura volé l'honneur à pluſieurs femmes : l'vn peut eſtre plus ou moins vicieux, mais tous ceux la ſont vicieux qui ſe ſont departis de la vertu, comme ceux qui ſont couuerts des eaux ne laiſſent pas de perir en meſme tēps, & par meſme moyen, & celuy qui eſt à vn doigt pres dedās l'eau, ne perit pas moins que celuy qui eſt au fonds, mais l'vn peut ſortir pluſtoſt s'il ſcait nager.

F. Pourquoy ne pouuons nous auſſi definir la vertu par la fuite de vices comme diſoit Horace poëte lyric:

De toute vertu la premiere,
Eſt de tout vice s'abſtenir,
Chaſſer la folie arriere,
Pour ſagement ſe maintenir.

P. C'eſte definition ou deſcription n'eſt pas du tout à reieter, car quand ce diuin poëte lyric demande

Qui est-ce qui conuersera,
Du Seigneur au haut tabernacle?
Et qui est celuy qui fera
Sur son saint mont seur habitacle?
Qui par sa langue point ne fait,
Rapport qui los d'autruy efface,
Qui à son prochain ne messait,
Qui aussi ne souffre de fait
Qu'opprobre à son voisin on face? &c.

Bref il monstre que c'est celuy qui n'a pas
mal fait quand il pouuoit, mais il auoit mis
au parauant les actes vertueux de l'homme
iuste qui ne se contente pas de n'estre point
mechant, ains qui veut surpasser en toute
iustice quand il dit:

Ce sera celuy droictement,
Qui va rondement en besoigné,
Qui ne fait rien que iustement,
Duquel la bouche ouuertement
Verité en son cœur tesmoigne.

Car il ne suffit pas de contenir ses mains, &
ses yeux de ce qui est à autruy, ains aussi sa
pensée: & non seulement sa pensée de sou-
haiter le bien d'autruy, ains aussi donner du
sien largement aux pauures: & ne suffit pas
de n'outrager persone, ains aussi empescher
qu'on ne face tort, & véger les iniures qu'on
fait aux plus foibles: c'est pourquoy nous
auons

auōs dit que les vertus font habitudes loüables acquifes par actes honeftes.

F. Combien y a il de vertus? P. il y en ha deux fortes en general, l'vne qui git en action, l'autre en contemplation.

F. Qu'appelez vous contéplation finon l'action de l'ame? & s'il eft ainfi, toute contemplation eft action, & par cōfequent toutes vertus feront actiues. P. Ariftote ha mis celte opinion en auāt, affin qu'on n'eftimaft point qu'il fe vouluft departir de la maxime qu'il auoit pofee, à fcauoir que la felicité de l'homme git en actiō, ou qu'il vouluft fuiure fon maiftre Platon, qui ha mis la felicité de l'homme en contemplation.

F. Ie n'enten pas bien cela mon pere. P. Platon ha refolu que la contemplation eft le but & fouuerain bien des hommes: Ariftote ha dit que c'eft l'actiō de vertu, mais en fin ayant bien confideré qu'il n'y auoit pas grande apparéce de mettre le fouuerain bien en vn mouuemét perpetuel, c'eft à dire en action, veu que tout mouuemét ha pour fon but le repos:& que le bien n'eft pas fouuerain quand il fe rapporte à quelque chofe de plus excellent, il ha vfé du mot d'action par ambiguité, quand il dit que le dernier bien de l'homme git en l'action de la plus

noble partie de l'homme: or la plus noble
est l'intellect, & l'action de l'intellect ou entendement n'est rié autre chose que la contemplation. Voila l'escueil & la roche à laquelle plusieurs ont froissé leur vaisseau, n'a-
iant pas consideré qu'Aristote auoit dou-
blé d'opinion soubs mesme voile de paroles, appelant l'actiā de l'ame contéplation,
qui est autant cōme s'il disoit que le mouue-
mēt & repos est tout vn, chose impossible
par nature: Et pour mōstrer que la contemplation est le souuerain bien de l'homme, il
met en comparaison la vie des dieux qu'il
dit n'estre aucunemét empeschez d'actions
ni d'affaires ioüissans d'vn repos eternel de
contemplation. Qui semble auoir donné
suiet à Marc Varron de mettre la felicité hu
maine en action & contéplation:mais d'autant que l'vne est le but de l'autre, & que les
deux se rapportēt à la ioüissance & fruition
de la lumiere diuine, il ne se peut faire que
l'action ni contemplation simple soyent le
dernier bien de l'homme, puis qu'il y en ha
vn plus grand.

    F. Quelles vertus appelez vous contém-
platiues? P. la sagesse & la science.

    F. Quelles vertus sont actiues? P. la pru-
dence & l'art.

                   F. Pour-

F. Pourquoy ne diuiſez vous les vertus en morales & intellectuelles? P. ceſte diuiſió eſt d'Ariſtote, qui tire apres ſoy pluſieurs inconueniens, car toutes vertus ſont intellectuelles, d'autant que le ſeul intellect eſt capable de vertu, comme les Stoiciens ont tresbien dit.

lib.1. Ethic.c. 14.&lib 6.c.1. & 2.

F. Pourquoy ne mettrós nous les vertus morales en l'ame inferieure, obeiſſant à la raiſon? P. Parce qu'il n'y a qu'vne ame en l'hóme, a ſcauoir l'intellect, lequel ſuruiuant le corps ſen vole, come nous eſtimons auoir clairemét demonſtré au theatre de nature: les autres ames qu'on dit vegetatiue, ſenſitiue, raiſonable, memoratiue, imaginatiue, &c. ne ſont que proprietez & qualitez, comme Ariſtote meſme eſt d'auis en quelques lieux, & s'il eſt ainſi qu'il n'y a que vne ame, il s'enſuit par neceſſité ineuitable que toutes vertus ſont intellectuelles: & neátmoins quand il y auroit deux ames en l'hóme, ſi eſt-ce qu'on ne peut attribuer aucune vertu à l'ame inferieure.

F. Pourquoy non? P. Car tous ſont daccord qu'il n'y a que l'ame intellectuelle qui commande à la cupidité beſtiale: puis donc que l'obeiſſance eſt ſeruile & neceſſaire, il s'enſuit bien que la loüáge de toutes actiós

D

vertueuſes & honeſtes ſe doit rapporter à la
partie ſuperieure de l'ame, qui eſt celle qui
agit,& nõ pas à la partie brutale, qui eſt forcée d'obeir: & par meſme ſuite de raiſons il
faut conclurre que toutes vertus ſont intellectuelles.

F. Pourquoy eſt-ce que la partie de l'ame
inferieure n'eſt capable de vertu? P. car force luy eſt d'obeir tout ainſi comme la beſte:
ainſi Platon appelle beſte l'ame inferieure
θυμὸν χ̀ ἀϑιϑυμίαι.

F. Ie n'enten pas bien cela. P. nous le dirons plus clairement. Toute habitude eſt
propre à celle partie de l'ame à qui l'action
ſe raporte : or l'entendement eſt maiſtre de
toutes les actions de l'ame : il s'enſuit donc
que toutes vertus ſont intellectuelles.

F. Pourquoy l'ame beſtiale ſera elle fru-
ſtrée du iuſte loyer de ſon obeiſſãce à la raiſon? P. Parce qu'il n'eſt deu aucun loyer, ni
loüãge à celuy qui n'obeit que par force &
contrainte : or la cupidité beſtiale n'obeit
que par force & contrainte : il ſenſuit donc
qu'elle ne merite aucun los ni loyer de l'o-
beiſſance forcée : combien qu'il y a encor
d'autres abſurditez plus notables ſi la vertu
dépédoit de l'ame beſtiale: car il ni auroit ni
loyer aux vertus, ni peine aux pechez.

F. Pour-

ꝑ. Pourquoy non? ᴘ. Parce que tous les
philoſophes ſont d'accord que l'ame brutale eſt mortelle : or le loyer & la peine des vices ſont immortels : il s'enſuit dóc qu'ils ne
peuuent cóuenir à l'ame beſtiale qu'ils con-
feſſent eſtre mortelle : & ne ſeroit pas deu à
l'ame intellectuelle le loyer de l'ame beſtiale, ni la peiñe des forfaits d'icelle.

ꝼ. I'enten maintenant ce me ſemble
pourquoy toutes vertus ſót intellectuelles :
mais pourquoy ſeparez vous l'appetit de la
volonté? ᴘ. Parce que l'appetit eſt vne qualité de l'ame brutale : & la volonté eſt l'acte
de l'entendemét vſant de ſon franc arbitre,
ſoit à fuir le mal, ſoit à ſuiure le bié : en quoy
Ariſtote s'eſt meſpris, penſant que la volóté
ne s'adreſſe ſinon à choſes honeſtes & non
pas aux vicieuſes : & s'il eſtoit ainſi, on n'of-
féſeroit iamais : car il n'y a point de peché s'il
n'eſt fait d'vne franche volóté, qui eſt nó ſeu
lement plus gráde q̃ la raiſon, ains auſſi que
l'entendement. C'eſt pourquoy le ſage legiſlateur aprés auoir mis deuant les yeux d'vn
chacun la vie & la fin des bós & mauuais, il
proteſte qu'vn chacũ ha la vie & la mort, le
bien & le mal en ſa puiſſance, conuiant toute perſonne à choiſir le bien & fuir le mal,
autrement qu'ils periroÿét miſerablement.

Ariſto.
lib. 3. de
Anima.
Platou
au Phœ
don.

Augu-
ſtin lib.
3. de li-
bero
arbitr.

Deuter
cap . 13.
Eccle-
ſiaſtic.
cap. 15.

D ij

F. Comment se peut il faire, que la volonté soit maistresse de l'entendement, veu
que Aristote definit la volonté estre l'appetit obeissant à la raison? P. Si ceste definitiõ
estoit receuable, la volõté seroit suiette à la
raison: or tant s'en faut que la volonté soit
suiette à la raison, qu'elle maistrise l'intellect: car combien que la force de l'intellect
ſit en la discretion de ce qui est vray ou
faux: & la volõté en ce qui est bon ou mauuais: si est-ce neantmoins que lintellect est
en la puissance de la volonté: car il est certain que nul né peut estre contraint d'enten
dre ni de contempler, s'il ne luy plaist receuoir les demonstrations & argumẽts qu'on
luy monstre, & ne croira rien de ce qui est
bien verifié si la volonté si oppose.

F. Soit ainsi que la force de l'entendement soit empeschée par la volonté, si est-ce
qu'il n'y a rien qui puisse empescher l'entendement de ne croire pas ce qu'il void & cognoist clair cõme le iour. P. C'est biẽ laduis
de quelques vns, mais il est reiette à bon
droict: car en ce qu'ils disent qu'il n'est pas
en nostre puissance de croire chose contre
l'euidente preuue du sens commun, nõ seulement ils ruinent les fondemens de toute
religion, ains encor ils aneantissent la force

Io. Pic.
in posit
& Scot.
lib.2.
senten.
distin.6
quest.2

de la

de la volonté : car qui empefche que nous
ne croyons que les fleuues móntét en haut,
& que le feu defcende contre bas, quand il
nous plaift de le croire ainfi?c'eft pourquoy
Ariftote à bien dit que la volonté s'eftend
auffi aux chofes qui ne fe peuuent faire, car
il n'y a perfóne qui ne vueille bien voler s'il
pouuoit:Mais en ce qu'il dit que le chois ou
election n'eft que de chofes poffibles, il fa-
bufe:car il eft certain ij les geans vouloyét,
& de fait ils s'efforcerét de combatre Dieu,
amoncelant pierre fur pierre, vne mótagne
fur lautre,pour móter au ciel:& s'en eft trou
ué de fi arrógans & fuperbes qu'ils fe font
efforcez par tous moyens à fe deifier, cóme
Pfaphus Affricain, ij auoit acouftumé de
lacher les oifeaux hors la cage apres leur a-
uoir appris ces trois mots,Pfaphus eft Dieu,
qu'ils aloyent chantant en l'air. Et mefmes
Heraclide Damafie auoit gaigné par argent
la preftreffe Pythiaque, & arraché des ora-
cles pour fe deifier.mais qu'eft il befoin d'en
dire dauátage, veu que le chois ou election
n'eft autre chofe ij le tefmoignage & preu-
üe de la volóté? & fi elle eft de chofe impoffible,auffi fera le chois de chofe impoffible.

   F. Puifque i'enten à peu pres lés proprietez & qualitez de l'ame, & le fuiet des ver-

tus & des vices, pourſuiuons s'il vous plaiſt,
& voyons ſi nous pourriós definir la vertu,
celle qui git en election au milieu de deux
vices, ſuiuant l'aduis d'Ariſtote. P. cela ne ſe
peut faire, d'autant qu'il n'y a point de vertu
entre les vices.

    F. Pourquoy non? P. parce que toute
vertu eſt intellectuelle: or il n'y a pas vne ſeu
le vertu intellectuelle en mediocrité, ni au
milieu des vices : il s'enſuit donc qu'il n'y a
point de vertu en mediocrité, ou bien au
milieu de deux vices. nous auons cy deſſus
monſtré par viues raiſons & neceſſaires, que
toute vertu eſt intellectuelle: or les diſciples
d'Ariſtote ſe ſont en cela departis de lopinion de leur maiſtre, en ce qu'il ha dit ſans
diſtinctió, que toute vertu git en mediocrité: car ils ont excepté les vertus intellectuelles, & n'ont mis en mediocrité que les vertus morales: ſi dóc toutes ſont intellectuelles, pour neant on y cherche la mediocrité.
Et neantmoins les diſciples d'Ariſtote ayás
ainſi tráché le differét par moitie, n'ont pas
pris garde à vne autre abſurdité qui en reſul
te, c'eſt qu'il vaut mieux à leur cóte, eſtre me
diocremét bon, que mediocremét docte: ia
çoit qu'il eſt plus expedient d'eſtre hóme de
bien tout à fait qu'à demi, & ſçauoir moins.
                        F. Mais

F. Mais si nous posons le cas que les vertus morales soyent propres, comme ils disent, à la partie de l'ame inferieure, commēt
pourroit on mōstrer que les vertus morales
ne sont pas entre les extremitez vicieuses?
P. premieremēt par ce beau principe de nature, que iamais deux choses ne sont cōtraires à vne : comme le chaud au froid, & non
pas au sec, le blāc au noir, & nō pas au verd,
ainsi des autres : autremēt la ruine & subuer-
sion de ce mōde s'en ensuiuroit : or si la vertu morale estoit entre deux vices, deux cho
ses seroyent cōtraires à vne : car Aristote dit
non seulement que le vice est contraire au
vice, ains aussi le mal generalement est contraire au bien, & par consequent les vices
contraires aux vertus. ceste demonstration
suffit pour tous les argumēts qu'on pourroit
faire au contraire : toutesfois il y en ha assez
d'autres pour conuaincre ceste opinion de
mediocrité.

F. Dites les ie vous prie, car la chose me
semble de tel poids qu'elle merite d'estre
bien entendue, pour leuer aux plus doctes
lopinion de l'erreur populaire. P. Si les vices sont infinis, & les vertus en certain nom
bre, comme Aristote ha pensé, disant que le
biē est fini, & le mal infini, l'infinité de vices

surpafferoit infinimét le nôbre des vertus:
d'auantage s'il y a fi peu de vertus entre les
vices infinis, vn million de vices & plus ne
pourrôt auoir les vertus pour metoyennes.

F. Et pofons les vices contraires aux vices, & non pas aux vertus, il n'y aura par ce
moyen contrarieté que d'vn à vn. P. Il faut
donc renuerfer le fondemét d'Ariftote qui
à pofé le bien contraire au mal, & par con-
fequent tous les vices côtraires à toutes les
vertus, comme fi la chaleur eft generalemét
côtraire à la froideur, la chaleur d'Affrique
fera côtraire à la froideur d'Europe, & cefte
vertu icy à ce vice la: & en quelque forte
que ce fuft la vertu n'auroit iamais place entre les vices.

F. Toutesfois il me femble que la nature
fe difpofe à la mediocrité dorée, que les anciens auoyent fignifiée à lentrée du temple
d'Apollon par ces trois mots μὴ π ἄγαι, c'eft
à dire rien de trop. P. ce prouerbe la s'entéd
des appetis & cupidites débordées, qu'il
faut retenir és barrieres de la raifó: autremét
il faudroit côfeffer fi la mediocrité eft loüable en toutes chofes, qu'il faut eftre mediocrement vicieux. combien que la mediocrité n'eft aucunement conuenable à la nature: foit pour exemple le feu qui ne chaufe
iamais

iamais à demy, mais si fort qu'il brusle, & ne
se peut imaginer dauantage : & le Soleil ne
luit point à demy, mais de toute sa puissance, & d'vne splédeur si grande qu'elle eston-
ne vn chacun : ainsi void on de toutes creatures, que chacune monstre sa proprieté de
toute sa force : si dóc les vertus sont conuenables à la nature, comme elles sont, il faut
qu'elles monstrent leur force à lextremité,
& nó point à demy. Aussi voyons nous que Deu-
ce grand Legislateur au commandement le teron. 6
plus haut qu'il fit iamais, & le plus remar-
quable dit ainsi, Tu n'as qu'vn Dieu eternel,
tu l'aimeras de tout ton cœur, & de toute tó
ame, & de toute ta puissance, & te ioindras
a luy pour iamais. En quoy lon void que
Dieu ne veut point d'amy a demy, & que la
plus belle vertu du monde s'estend, non pas
en mediocrité, mais en toute extremité, &
en toutes les puissâces & faculrez de l'ame :
autât peut on dire qu'il faut se fier en Dieu,
non pas à demy, ains de toute nostre puissance. Si donc c'est crime capital de poser
vne mediocrité en l'amour & fiance qu'on
doibt à Dieu, quelle apparence y a il de le
faire és autres vertus, & soustenir qu'il ne
faut pas estre d'vn cœur tresgenereux, ni
fort modeste, ni tresiuste, ains qu'il faut estre
à demy seulement?

F. Neft-ce pas vne belle vertu d'eftre ho
neftement liberal, & non pas prodigue?

P. C'eft bien l'vne des parties de prudence
entre les vertus, qu'ils appellent intellectuelles, de confiderer ce que chacun doibt
donner, combien, quand, comment, à qui,
& à quelle fin : mais il eft bien certain que
celuy eft d'autant plus loüable, qui plus fe
monftre large & liberal enuers ceux qui le
meritent, & non pas a demy:car la liberalité ne git pas feulement à dóner or & argent,
ains auffi en mille fortes de bons offices, en
aidât & fecourât de fon fcauoir, de fon meftier, de fon eloquence, de fon fuffrage, de fa
plume, de fon confeil, de fes prieres, de fes
lettres, de fes recommandations, & de mil
moyens que Dieu nous dóne pour exercer
la charité, non pas mediocremét, ains à lextremité. Auffi voyons nous la louange illuftre de ce bon Euefque d'Affrique, lequel a-
pres auoir donné tous les trefors de l'Eglife,
& pins tout fon bien, en fin il fe vendit luy
mefmes pour rachepter les pauures efclaues
Chreftiens. ceft porquoy ce Poëte diuin difoit, que Dieu fur tout aime l'hóme liberal
qui donne volontiers, & en paye lufure au
centuple. Et pour le faire court, nous lifons
que les loix & ordonances de tous les peuples

ples donnent peu de loyers à ceux qui ont
peu de vertu, les grãds loyers à ceux qui ont
les grandes vertus, & les tresgrands à ceux
qui sont tres vertueux, tresiustes, tresmagna-
nimes, tresmodestes. Il faut donc conclurre
puis que le pris & loyer est extreme, que les
vertus sont aussi en extremité, & non pas
en mediocrité.

F. Pourquoy ne dirons nous que la iustice git en mediocrité, quãd on adiuge à chacun ce qui luy appartient, ni plus, ni moins,
qui semble estre vne mediocrité, côme Aristote dit que le bon iuge tranche par moitié
le differéd des parties en faisant iustice. P. Il
n'y a point d'apparence, soit qu'on parle de
la iustice generale, qui embrasse toutes les
vertus (car il faut bien par necessité que celuy qui ha toutes les vertus soit tresvertu-
eux) soit qu'on parle de la iustice distributi-
ue : car le iuge seroit fort inique qui parti-
roit par moitié aux deux parties le profit &
dômage d'vn proces, au lieu d'adiuger tout
le profit à celuy qui à esté iniustemét spolié,
& chassé de son heritage. & en ce qu'il dit
que celuy se fait iniure qui ne vége pas son
iniure, il est bien côtraire à son maistre Platon, qui ha laissé par escript qu'il vaut mieux
souffrir que faire iniure : Or si les loix diui-

nes & humaines commandent de punir à
toute rigeur ceux qui font mechans en toute extremité, quelle mediocrité pourroit on
imaginer de punir a demi telles gens? Bref
il eſt impoſſible d'imaginer aucune vertu
entre les vices qui ne ſoit vicieuſe.

F. Comment ie vous pri? P. Parce que le
moyen de toutes choſes eſt touſiours compoſé des extremitez: il faut donc que la vertu ſoit vicieuſe: tout ainſi que l'hydromel
compoſé d'eau & de miel tient de l'vn & de
l'autre: & l'hermaphrodite & autres mon-
ſtres de nature tienent touſiours la nature
des ſimples. Auſſi voyons nous qu'Ariſtote
à mis pour vne extremité vicieuſe l'homme
fort paillard, & fondu en toutes voluptez:
& pour l'autre extremité celuy qui abomi-
ne toute paillardiſe, qu'il blame comme ſtu-
pide, & lourdaut: & met au milieu pour hôme vertueux celuy qui eſt mediocrement
paillard. autant pourrons nous dire de tous
vices, car il ha poſé la vertu entre plus &
moins, qu'il appelle extremitez vicieuſes, &
qu'il fait contraires, iaçoit qu'en terme de
philoſophie ils ne ſont iamais côtraires l'vn
à l'autre, ains ſeulemét relatifs: car ce qui eſt
trop à vn náin ſera peu à vn geant, de ſorte
q̃ meſme choſe ſeroit vicieuſe & vertueuſe,
louable

loüable & vituperable, vice & vertu tout
enfemble. Il falloit donc qu'Ariftote, qui
s'eftoit departi de l'opinion de Platon, pour
former vne nouuelle fcience morale, pofaft
des principes certains pour affeurer le fondement de fa doctrine, & d'autant plus qu'il
eft queftion de faire chois du bié & du mal,
en quoy git le pl° haut point de la prudéce.

F. Ne feroit il pas donc plus à propos de
pofer la vertu moyenne entre les paffiós de
l'ame qu'entre les vices? P. Ariftote à bien lib. 2. c.
auffi efté de cet aduis : & fouftenu que les 6, & lib
paffions de l'ame font vtiles à l'homme, qui 3 c. 1.
eft trancher par la racine l'excellente tranquillité de l'ame que tous les autres philofo
phes ont eftimé comme leau trefclaire en
vn beau vafe de criftal: & l'ame troublée de
paffions à leau agitée & troublée de fange
& d'ordures: Auffi Seneque à rejeté bien in lib.
loin l'opinió d'Ariftote, non feulemét pour de Ira.
auoir fouftenu que les paffions font vtiles à
l'ame, ains auffi pour auoir dit que celuy qui
craint toutes chofes eft vicieux, auffi bien
que celuy qui ne craint rien: & ceftuici toutesfois eft hautement loüé par tous les anciés, comme eftoit vn Caton, qui au milieu
des ruines de l'eftat Romain, fe tenoit feul
debout d'vn cœur inuincible, ou cóme vn

Socrate, qui en fortant de la maifon, & y re-
tournant auoit toufiours mefme vifage, qui
ne s'ebahiffoit iamais de chofe qui fe pre-
fentaft : quelle apparence y a il donc d'efti-
mer tels perfonages vicieux, parce qu'ils ne
font point touchez de l'eftonnemêt du ba-
daut populaire, ou q ne fôt point craintifs.

F. Quâd Ariftote dit que les vertus font
au milieu des vices, ou des paffiôs de l'ame,
il me femble qu'il n'entêd pas le milieu par
egalité de diftance, comme vne ligne tran-
chée par moitïé, mais par proportion raifo-
nable : comme la liberalité eft bien plus eloi-
gnée de l'auarice que de la prodigalité. P. Il
met fouuent cefte exemple en auant, pour
donner luftre à fon opinion, & toutesfois
chacun fera daccord, que celuy qui eft liberal, courtois, & officieux enuers tous les neceffiteux par mille offices & liberalitez, eft
beaucoup pl' loüable que celuy qui ne l'eft
qu'à demy : mais pour abbreger ce difcours,
qu'on cherche le moyé d'egalité par diftance arithmetique ou geometrique, il eft impoffible de trouuer ni l'vn ni l'autre entre
les vices qui font infinis, cóme il dit : & encor moins entre plus & moins, qui tire apres
foi vne varieté infinie pour la diuerfité des
lieux, des temps, des perfonnes, & des cit-
conftan-

conſtances muables en toutes ſortes: & faudroit par neceſſité determiner les extremitez finies, & non pas les faire infinies pour
trouuer le moyen ou milieu d'entre plus &
moins, qui toutesfois eſt infini: & par con-
ſequēt puiſque d'vne choſe infinie il eſt impoſſible d'eſtablir aucune ſcience, comme
tous les philoſophes demeurent d'accord,
pour neant on ſe trauailleroit de chercher
les vertus au milieu des vices infinis.

F. Si le ſiege de vertu n'eſt pas au milieu
des vices, il faut luy trouuer place aux extre
mitez oppoſites aux vices. P. Pourquoy nõ?
puis qu'il y a meſme raiſon des vertus aux
vices, que de la lumiere aux tenebres : ainſi
nous mettrons deux extremitez, la ſcience
& l'ignorance, la ſapience & inſipience, l'art
& l'inertie, la prudence & imprudence, la
iuſtice & iniuſtice, la tēperance & intemperance ou l'on ne peut imaginer aucū moyē:
& s'il ſe trouue quelqu'vn treſdocte, treſpru
dent, treſiuſte, treſmagnanime, treſmodeſte,
treſliberal, treſabondant en toutes vertus,
nous dirons qu'il merite les plus grãds loyers, comme ayãt attaint l'extremité de toutes vertus : & celuy qui ſera vertueux à demy, il ſera loüé à demy, & par exception, ou
condition. combien qu'il y a encor des ab-

ſurditez notables en ceſte mediocrité de
vertus que cherchoit Ariſtote.

F. S'il vous plaiſt lés eclaircir, affin que
la verité de ce paradoxe ſoit mieux entẽdu.
P. c'eſt qu'on s'abuſeroit de rechercher le
ſouuerain biẽ de l'homme, qui ne ſeroit pas
extreme ni ſouuerain, s'il falloit s'arreſter à
ceſte mediocrité vulgaire : car ſi les vertus
& biens particuliers eſtoyent mediocres, &
au milieu, il faudroit q̃ le ſouuerain biẽ fuſt
auſſi mediocre & au milieu de to° les vices
en general, & cõblé d'iceux qu'ils font infinis, En fin Ariſt. voyãt qu'il ne pouuoit trou
uer de moyẽ entre les vices à vn petit nõbre
de vert°, il s'eſt excuſé ſur la poureté de la lã-
gue Grec. q̃ toutefois paſſe les autres en richeſſes & abõdãce de mots, & q̃ en fournit
lés autres: il faut dõc cõfeſſer que la raiſon à
mãqué à ſon opinion, & nõ pas les paroles.

F. Quelle difference mettez vous entre
les vertus, & les paſſions de l'ame? P. telle
qu'il y a entre le repos & le mouuement: entre la bonace calme & la tempeſte, entre la
ſanté & la maladie : & meſmement ſi elles
prennent racine en l'ame.

F. N'auons nous pas les vices & vertus
entez en nos ames? P. Nature n'a point plan-
té de vices en nous : c'eſt pourquoy le ſage
diſoi

difoit qu'il eftoit bien nay, & que fon ame
eftant bonne trouuera vn corps pur & net:
mais tous les anciens Hebrieux & Academiques ont tenu pour chofe affeurée, que
nous auõs les ames parfemees d'vne femence diuine de toutes vertus, qui nous peuuét
conduire à peu pres à la vie bien heureufe, fi
nous endurõs qu'elles prénent leur accroif-
fement:& pour la preuue, nous voyons que
les tédres efprits, qui n'ont iamais rié appris,
concoiuent foudain les principes & fondemens de toutes fciences: & tout ainfi que la
terre eft enceinte naturellement d'vne infinité de plantes, metaux, mineraux, & pierres precieufes qu'elle produit fans femence
& fans labeur, la mer les poiffons, qui font
fuftentez par les influences celeftes:ainfi eft
il de l'ame qui eft parfemée d'vne infinité
de belles fciences & vertus, lefquelles eftant
arroufées de l'influence diuine produifent
les doux fruits qui croiffét és arbres de prudence & de fcience: mais il ne faut pas s'ar-
refter aux fruits de prudence, ains il faut
paffer plus outre aux fruits de vie, qui eft la
fapience.

E. Comment donc entédez vous ce qui
eft dit en lefcripture fainte de Bezaleél, que
Dieu le combla & enrichit de l'efprit diuin,

E

de sapience, de science, de prudence, & de
toutes sortes dartifices, & n'est rien dit des
vertus morales? p. Affin qu'on sçache que
toutes les richesses & ornemens de l'ame
qu'on peut imaginer sont comprises en ces
cinq points,& qu'il n'y a aucune vertu atri-
buee a l'ame bestiale.

F. Ie vous prie de grace me faire entendre ces cinq points que vous m'auez dit.
p. Ie ne fis iamais rien plus volontiers : pre-
mierem.et il est dit que Dieu l'inspira de son
saint esprit, que l'interprete Caldeen tourne
nebuha, c'est à dire prophetie, qui est le plus
excellent don que l'homme puisse auoir en
ce monde : puis la sapience luy est donnée,
qui git en la cognoissace, amour, & pur seruice de Dieu, par laquelle on cognoist la
differéce entre la pieté & l'impieté: s'ensuit
apres la science, qui tire auec soi la cognoissance des choses naturelles, & de toutes les
parties de ce monde, qui est côme la pierre
de touche, de ce qui est vray ou faux : il adiouste aussi la prudéce, comme princesse de
toutes vertus, & maistresse de la vie humaine, qui fait iugement du bien & du mal, &
de ce qui est honeste & deshoneste: & pour
le dernier il met l'art qui git en toutes sortes
de mestiers artificieux, qui dependent de la
main,

main, pour faire chois de ce qui eſt vtile &
inutile:en quoy l'on void que ce perſonage
fut comblé de toutes les richeſſes dõt l'ame
peut eſtre ornée & embellie, à ſcauoir de
l'Ange de Dieu, de ſapience, de ſcience, de
prudence, & de l'art, ayant par ce moyen la
prophetie, la pieté, la verité, la bõté, l'vtilité
de toutes choſes.

F. Pourquoy met il la ſapience premier
que la ſcience, & la ſcience premier que la
prudence? P. Parce que le plus haut point
de toutes choſes eſt d'aimer & ſeruir Dieu
d'vn cœur entier, en quoy git la vraye loüãge de ſageſſe: le ſecond git à conſiderer les
œuures que Dieu ha crées d'vne varieté in-
ſatiable & plaiſante à merueilles, affin qu'en
icelles on puiſſe loüer la ſapiẽce, puiſſãce, &
bõté de Dieu, en regardãt haut & bas la liai-
ſon des cauſes, & de leurs effects, auec vne
entreſuite de toutes choſes tresbelle. or la
ſciẽce eſt plus noble que la prudẽce, d'autãt
que la contẽplation eſt plus noble q̃ l'actiõ:
car la ſciẽce remarque ce qui eſt vray & faux
en toutes choſes naturelles, diuines, & prin-
cipalemẽt és diſcours des mathematiques,
que les anciẽs ont poſé entre les choſes naturelles & diuines, & qu'ils ont proprẽmẽt
appelé ſciences, pour leuidẽce & certitude
d'icelles.   E ij

F. Il me semble toutesfois que la prudéce est beaucoup plus requise que la science,
d'autāt que plusieurs citez, empires, & monarchies ont fleuri longuement sans beaucoup de science: mais sans prudence il n'y a
ni cite, ni societé, ni famille qui se puisse
maintenir. P. la prudence est vne vertu qui
git du tout en actió, & au manimēt des choses humaines: mais la science git à conside-
rer les œuures du createur, pour paruenir à
sa cognoissance: or les choses diuines sur-
passent les choses humaines, d'autant que
Dieu est sans cōparaison plus excellent que
l'hōme: c'est pourquoy le maistre de sagesse
ayant suiui l'ordre du legislateur dit ainsi,
Quand la sapiéce aura trouué place en ton
cœur, & que tu auras pris plaisir à la science, alors la prudence te gardera: puis apres il
adiouste, Di à la sapience tu és ma sœur, &
appelle la prudéce ta cousine: or nous som-
mes plus obligez d'affection à la sœur que à
la cousine: c'est pourquoy il appelle la sapi-
ce au mesme libure, le fruit de vie: & en autre lieu il dit, La maison est edifiée par sapience, & asseurée par prudence, & les gre-
niers, & celiers sont replis de belles richesses de science: & en fin il dit, que la prudon-
ce vaut mieux que l'argent, la science mieux
que

que l'or, & la sapience mieux que les pierres precieuses.

F. Pourquoy ne dirons nous que la sapience est la perfection de l'art comme Aristote, quand il dit que Phidias & Polyclete
estoyent pleins de sapience, parce qu'ils fai-
soyēt de belles images en bosse? P. Il ne pou
uoit rien dire plus esloigné de la sapiéce, veu
que tous les mestiers, ou la pluspart sont
mechaniques & raualez par gens de vile &
abiecte cõdition : & n'y eut onques mestier
moins vtile, ni plus pernicieux q̃ le mestier
des imagers.

F. Pourriós nous pas dire que la prudē-
ce est vne habitude conuenable à la droite
raison comme Aristote? P. c'est plustost la
definition generale de toutes vertus, qui
sont comprises soubs la sapience, science,
prudéce, & l'art: les deux premieres sont cõ-
templatiues, la troisiesme est actiue, & l'art
outre l'action laisse tousiours vn chef d'œuure. la sapience & science se contentent de
la contemplation : la prudence est inutile
sans action : & l'art outre l'action laisse vn
chef dœuure : car apres que l'architecte ha
resolu la forme de son bastiment, il en fait
vn pourtraict, puis il cherche le lieu, la matiere, & les maneuures, & ne cesse qu'il n'ait

E iij

rendu son œuure parfait, autremét l'action
de l'artisan seroit vaine.

lib.6.c.
7.Ethic F. Il me semble auoir leu en Aristote que
la prudence est aussi commune aux bestes
brutes. P. c'est bien parlé populairement, &
non pas en philosophe : car la prudence est
seule qui fait la discretió du bien & du mal,
de ce qui est iuste & iniuste, honeste & deshoneste, qui n'ont rien de commun auec les
bestes brutes: c'est pourquoy les edits & or-
1. si qua
drupes,
ff. donnances sont bien améder le dommage
fait par la beste, & non pas le mal ni l'iniure,
par ce que la beste ne peut faire iniure, tort
ni droit à personne.

F. Pourquoy mettez vous l'art entre les
vertus? P. Aristote dit que les arts ne sont pas
vertus, par ce qu'on les oublie : mais si ceste
raison estoit fondée en raison, il faudroit
aussi biffer & rayer du registre des vertus
toutes les sciences & vertus intellectuelles,
qui se peuuent aussi bien oublier : & de fait
nous lisons que Valere Corbin surnommé
Messala, & George de Trebizonde, qui à
traduit le grand Almageste de Ptolemæe, &
cóposé plusieurs libures oublierent par maladie tout ce qu'ils auoyent iamais appris
iusques à leur nom propre.

F. Il me semble qu'il y a vne autre raison
pour-

puorquoy les arts ne doibuent pas eſtre mis
au rang des vertus, d'autant que le plus excellent artiſan du monde peut eſtre le plus
mechant, comme nous voyós de treſexcel-
lens architectes, maſſons, charpentiers, tiſ-
ſerans adonnez à tous vices. P. Il y a des
meſtiers qui ſont fort vtiles, comme ceux
que vous venez de reciter : les autres inutiles, les autres pernicieux : comme l'art d'A-
picius maiſtre gueux, qui a fait dix liures
de la cuiſine, remplis de ſauſſes & friandiſes:
l'art de parfumer, tailler, peindre, grauer,
mouler images, l'art des baſteleurs, ion-
gleurs, ſarlatans, & autres inuéteurs de plaiſirs deshoneſtes, qui ſont les peſtes & apo-
ſtemes des arts: car il ne faut iamais deſioin-
dre l'honneur du profit: or il n'y a ſi mechãt
hóme qui n'ait quelque vertu: & quoy qu'il
ſoit mechãt, s'il eſt bon architecte, il eſt bon
& loüable, en ce qu'il ha contribué à la ſocieté humaine vn meſtier profitable & bon.

    F. S'il eſt bon architecte, conclurrons
nous pourtant qu'il ſoit bon? vous m'auez
appris qu'on ne peut conclurre pertinem-
ment de deux ou pluſieurs accidens con-
joincts, ſi en cõcluant on vient à les deſioin-
dre: non plus que à la conjonction d'iceux
eſtans diuiſez, & qu'il ne s'enſuit pas ſi vn

geant eſt grand & muſicien, qu'il ſoit grand
muſicien. p. la differéce eſt aiſee à iuger entre ces deux, & le mot de bon ne ſera point
equiuoque à l'art, & à la bonté: & ſi tant eſt
que l'art ſoit bon & profitable, nous pourrons conclurre que celuy qui eſt bon labou
reur, eſt auſſi bon, en ce qu'il raporte au bien
public vn bó art & profitable, puiſque tout
bien eſt donné de Dieu à l'uſage des hommes pour les bien heurer, & s'il faut ainſi dire, bonifier : autremét nous dirons auſſi que
les mathematiques, & plus excellétes ſciences ne ſeroyent pas vertus, parce que les
hommes auares & vicieux les peuuét auoir:
& qui plus eſt l'homme tres modeſte peut
eſtre fort craintif, qui eſt vn notable vice.

    f. Si toutes les vertus morales & intel-
lectuelles ſont cópriſes en ces quatre, aſcauoir ſapience, ſcience, prudence, & art, où
mettrons nous la iuſtice, la magnanimité, la
temperance, & les autres vertus? p. ſoubs la
prudence: c'eſt pourquoy Platon diſoit que
toutes les vertus ſont prudéces: qui eſt treſbien dit, pourueu qu'on excepte la ſapience
& ſcience, qui n'ont autre but que la contemplation, & la prudence git du tout en a-
ction, & n'a autre but que l'action vtile &
honeſte: & ſans propos Ariſtote à repris ſon
                        maiſtre

In thæ-
et,

lib. 6. c.
vlt. & 7.
cap. 2.
Ethic.

maiftre Platõ d'auoir dit que les vertus font
prudences, encor dit il, qu'elles ne foyent
pas fans prudence:car prudence eft le genre
de toutes les vertus que nous auons dit, par
la definition mefme d'Ariftote, qui appelle
prudence action conuenable à la raifon: or
les actiõs des hommes iuftes, magnanimes,
temperans font conuenables à la raifon : il
fenfuit donc que la iuftice, magnanimité,
temperance font prudences.

F. Declairez moy s'il vous plaift les ef-
peces de prudéce. P. Il y en ha deux:la premiere git és actions touchant la vie & les
meurs:l'autre git en l'exercice particulier ou
pratique de toute doctrine qui peut fe rapporter à l'action.

F. Qu'appelez vous pratique? P. c'eft lu-
fage des fciences qu'on met en action:com-
me la geometrie git en la cõtemplation des
quantitez continues,quelles raifons & pro-
portiõs il y a des vnes aux autres, & fe contente d'auoir trouué la verité par demon-
ftrations tres belles & tres certaines, qui
eclaircit les tenebres de l'ame, & réd l'efprit
fubtil & capable des chofes plus hautes &
plus diuines : qui fut la caufe pourquoy le
grãd Archimede n'a iamais rien voulu mettre par efcrit des inftruments mechaniques

admirables qu'il auoit inuentez par geometrie, affin qu'vne si belle science & si diuine
ne fust asseruie aux massôs & artisãs, & qu'ô
n'estimast que la fin de geometrie fust à pro
duire des ouurages mechaniq. Toutefois
quãd il est besoin de mettre en vsage la geometrie, pour mesurer le ciel & la terre, &
toutes autres choses, defendre ou assieger,
miner, bastir, ruiner, soustenir, apuyer les for
teresses, pons, villes, maisons, & chasteaux,
la prudence est requise, & l'experience, qui
ne git pas en contemplation, ains en action,
& qui ne se peut enseigner, ains il faut mettre la main à l'œuure. autant peut on dire de
la medecine, qui est vne science contempla-
tiue, ou physiologie qui considere la nature
& liaison du corps humain, & de toutes ses
parties, & la proprieté d'icelles, & les accidens & qualitez de chacune, & quel moyen
il faut tenir pour conseruer la santé, ou la recouurer estant perdue : mais la pratique est
toute autre chose que la science : aussi void
on souuent que le plus scauant docteur en
l'eschole de medecine est le plus ébahi quãd
il faut venir à la pratique, laquelle est propre
à la prudence, qui met en vsage la science,
soit par chirurgie, quand il faut couper vn
membre, percer, trepaner, cauteriser : soit en

la

la therapeutique quand il faut compofer les medicamens, & iceux appliquer, ou il eſt beſoin de prudence, pour cõſiderer ſi le patient eſt fort ou foible, ieune ou vieil, ſi la maladie eſt nouuelle ou inueteree, ſi la diſpoſitiõ de l'air eſt froide ou chaude, & mille autres circõſtances particulieres, qu'on ne ſçauroit enſeigner ny ſçauoir, qu'en practiquant, qui eſt le propre ſujet de la prudẽce. nous ferons meſme iugemẽt de l'arithmetique, aſtronomie, muſique, optique, catoptrique, geodeſie, geographie, hydrographie, chorographie, coſmographie: & meſmes de ſciences qui nous apprennent à parler proprement, comme la grammaire: ou elegãment, comme la rhetorique: ou à diſcourir ſubtilemẽt, comme la dialectique: & en cas pareil la gymnaſtique, pour luiter dextrement, l'art militaire naualle, politique, œconomique, qui toutes ont leurs regles & maximes, qu'on peut bien enſeigner & apprẽdre, en l'eſchole & à l'ombre, & non pas les mettre en vſage, qui git en l'action de l'homme aduiſé, prudent, habile & experimenté: c'eſt pourquoy les plus grands capitaines diſent qu'il faut faire la guerre à l'oeil, ce qui ſe verifie en toutes les autres ſciences qui giſent en action.

F. En quoy git l'autre efpece de prudence? P. en la reformation des meurs, & en ce
qui eft bien ou mal feant, honefte ou defho-
nefte: qu'on peut comprendre en deux efpe
ces, à fcauoir magnanimité & temperance:
ou pour le plus y adiouter la iuftice, ce qui
toutefois n'eft point neceffaire. car Platon a
trefbien dit que la iuftice n'eft autre chofe
que l'accord melodieux de prudence, magnanimité & temperance: quand on donne
la puiffance de commander à la raifon, &
l'obeiffance aux appetis de vengeâce & de
plaifir: alors l'homme eftablit en foy mefme
la vraye iuftice, qui rend à chacune partie
de l'ame ce qui luy appartiét: à quoy fe rapporte le dire des anciens, que charité com-
mence par foy mefmes: que les vfuriers mal
à propos tournent à leur profit.

F. Ie n'enten pas bien la melodie que
vous dites de ces trois vertus. P Si quelque
vn tout feul chante bien, il dóne plaifir aux
aureilles: f'il y en a deux qui faccordent, le
plaifir en eft encor plus grand: & fi les trois
accords de la quarte, de la quinte, & de l'o-
ctaue font entonnez de bonne voix, il y a
pleine harmonie qui eft trefplaifante: mais
fi pour la quarte ou la quinte on y met la fe-
ptiéme, ou la neufiéme: il f'engendre vn dif-
cord

cord facheux à merueilles : ainfi eft il de la
prudence qui eft belle de foy : & fi la magna
nimité y vient, c'eft bien chofe encor plus
belle : & fi à ces deux vertus fe ioint la modeftie ou temperance, c'eft à dire que l'hôme foit prudét, courageux, & modefte : c'eft
vne chofe trefbelle à veoir, & encores plus
belle à celuy qui fent en fon ame cefte plai-
fante & douce harmonie de la raifon auec
les appetis, ainfi void on que la iuftice n'eft
pas vne vertu particuliere, mais l'harmonie
des trois vertus, afcauoir prudence, magnanimité, & temperance, qui fe rendét beaucoup plus illuftres eftât acollees enfemble :
comme plufieurs lumieres rendent la fplen-
deur & clarté beaucoup plus grande.

F. Il n'y aura donc (à voftre aduis) que
trois vertus morales, Prudence, Magnanimité & Temperance. P. c'eft l'aduis de Salomon, qui entendoit tous les beaux fecrets
de chofes diuines, naturelles, & humaines,
& qui a reprefenté ces trois vertus par trois
figures, & non plus, qu'il fit mouler autour
du grand vafe de cuiure plain d'eau pure,
auquel on lauoit tout ce qui feruoit aux fa-
crifices, afcauoir la figure de l'homme, du
lion, & du beuf : pour faire cognoiftre qu'il
ne faloit pas feulement lauer les ordures ex

terieures du corps : ains auſſi les ſoüilleutes
de l'ame, qui prennent leur ſource des trois
uices oppoſites aux trois vertus, aſcuoir la
malice à la prudence, la lubricité à la tempe
rance, la cholere furieuſe à la magnanimité : & tout ainſi que ces trois vertus ſont ac-
compagnees de toutes les autres : auſſi les
trois vices oppoſites tirent aprez ſoy tous
les autres.

    F. Si celle iuſtice qui rend à chacune par
tie de l'ame ce qu'il luy appartiét, eſt la iuſtice generale comprenant toutes vertus enſemble, ou logerons nous la iuſtice particuliere exterieure, qui rend à chacun homme ce qui luy appartient, & qui par ce moy
en retient l'accord mutuel de la ſocieté humaine? P. ce n'eſt rien autre choſe qu'vne
eſpece de prudence ou practique de la ſcien
ce des loix, couſtumes, & ordónances: mais
d'autant qu'il ne ſuffit pas de prendre ſon
plaiſir à conſiderer les belles & gentilles de-
ciſions des iuriſconſultes (qui toutefois eſt
vn grand plaiſir à l'homme d'eſprit) ſi on ne
les met en execution: pour ceſte cauſe la ſcience des loyx ou legitime eſt proprement
appelee iuriſprudence: ioint auſſi que la pra
ctique de iuſtice ne git pas ſeulemét à con-
ſulter, plaider, & iuger les proces & differés,
                           ains

ains auffi à la defenfe des plus foibles côtre
les plus puiffans, en l'obeiffance des particuliers enuers les magiftrats, & au deuoir
mutuel de chacun enuers fon prochain, à
departir aux poures neceffiteux, laquelle
vertu les Hebrieux appellent *tfedaca*, c'eft à
dire iuftice, d'autant que cela n'eft point v-
ne grace, mais vn debuoir que le plus riche
doibt au poure: &fil fait autrement, il fait
iniuftice: car il ne diftribue pas à qu'il appar
tiét le bien que Dieu luy a baillé en depoft
pour le rédre aux poures. mais entre les par
ties de prudence, la principale eft celle qu'õ
appelle politique, qui concerne le cõman-
dement public, foit en paix ou en guerre,
tout ainfi que lœconomique git au cõman-
demét domeftique & particulier que le ma-
ri a fur la femme, le pere fur les enfans, le
maiftre fur fes efclaues & feruiteurs dome-
ftiques.

F. Si nous ne feparõs la prudéce de la magnanimité & temperáce, il f'enfuiura qu'vn
hõme aura toutes les vertus en ayãt vne feu
le. P. ces vertus font fi cõiointes & vnies, q̃
fans prudence il n'y a ny magnanimité, ny
téparáce: ains l'ame eft debordee en chole
re furieufe d'vne part, & en lubricité defho-
nefte d'autre part: c'eft pourquoy Platon

appeloit prudence la guide & maiftreffe de
toutes les vertus, qui eft fort eflôgnee de la
malice ou fineffe.

f. Si nous ne feparons la magnanimité
& temperance de la prudence, il faudra cô-
clurre, ce me femble, que celuy qui aura vne
vertu les ait toutes enfemble: & neâtmoins
nous voyons fouuent plufieurs perfonnes
mefprifer tous plaifirs qui ne peuuent fouf-
frir la moindre douleur, ou qui fuient la vai
ne gloire, & neantmoins ne peuuêt endurer
la moindre contumelie. p. C'eft vne anci-
enne opinion des Stoiciens, qui tenoyent
que toutes les vertus font tellement enchef-
nees, qu'il n'en faut qu'vne pour attirer toutes les autres: toutefois on cognoit à veûe
doeil que celuy qui eft d'vn courage grand
& genereux eft auffi prudent: mais les plus
prudens & aduifez ont bien fouuent moins
de courage: & entre les beftes brutes, les
plus rufees font les moins hardies: & generalement en tous animaux les femelles font
plus fines & aduifees que les mafles, côme a
trefbien dit Salomon: & neantmoins toufiours font plus timides: mais bien pouuons
nous dire que celuy qui n'eft pas prudent,
n'eft ny modefte, ny magnanime.

f. Qu'eftce que magnanimité? p. c'eft
vne

vne vertu qui retient la peur, & qui fait fup-
porter d'vn cœur genereux les dangers &
douleurs pour chofe honefte: laquelle vertu eft fuiuie & acompagnee de côftance, pa-
cience, affeurâce, fermeté, & s'appeloit par
les latins *virtus*, parce qu'elle porte la marque d'honneur entre toutes les vertus qui fe
rapportent à l'action: combien que Cæfar
voulât apaifer la fedition de fon armee, I'ayme mieux, difoit il, la modeftie ê vn foldat, ǭ
la vertu, c'eft à dire ǭ la magnanimité, mais
il s'accômodoit de ce propos au befoin qu'il
auoit: car il fçauoit & pratiquoit tout le côtraire, côme il a bien montré par fes hauts
exploits d'armes & fais heroiques: & neantmoins Augufte fon nepueu, qui eftoit d'vn
naturel timide, eftoit fi prudent, que fa pre-
fence fit trembler toutes les legions Actia-
ques, ainfi que nous lifons en Tacite: faifant preuue que la prudence furpaffe la magnanimité.

F. Eft il neceffaire que l'homme magnanime que les latins appellêt *fortem*, foit auffi robufte? P. rien moins: car on void fouuent que plus les hommes font grands & ro
buftes, moins ils ont de cœur & de courage: & la force eft plus grande, plus elle eft
preffee, & fe pert d'autât plus qu'elle s'etêd:

præfen-
tia Au-
gufti ex
terruit
Actiac.
legion.
comme
efcript
Tacite.

F

A ceste vertu sont opposites la peur, la crain
te, l'estonement, le tremblement, l'horreur,
la paresse, l'oisiueté, la langueur, la lacheté,
le desespoir, la fetardise, qui sont tous vices
specifiez par les Stoiciens, & qui n'est pas
Cicero besoin de remarquer par le menu, d'autant
aux Tu qu'ils sont assez cognus.
sculan.

F. Qu'estce que temperance? P. c'est la
vertu qui retient les appetits vicieux & plaisirs deshonestes entre les barrieres de la raison: laquelle vertu est suiuie & accompai-
gnee de cotinence, sobrieté, modestie, cour-
toisie, facilite, grace, douceur, amitié, bien-
ueillance, pitié du mal, & resiouissance du
bien d'autruy, auec vne certaine affection à
toutes choses honestes: car toutes ces qualitez sont guidees par prudence. A celle vertu de temperance ou modestie est opposite
l'intemperance, qui s'acompaigne d'ingrati-
tude, gourmandise, friandise, yurongnerie,
paillardise, ialousie, legereté, medisance, en-
uie, arrogance, impatiéce. or Platon acom-
paroit ces trois vertus, Prudence, Magnanimité, & Temperance, au chariot attelé de
deux cheuaux, guidé par le cocher, qui est la
volonté, tenant les resnes de la raison en sa
main: mais sil aduient que le cocher lasche
la bride, aussi tost les deux cheuaux tirassét
le co-

le coche & le cocher par mons & par vaux,
iufques à ce qu'ils fe foyent precipitez,&
fracaffé le coche & le cocher auec tout l'at-
telage: il entend par les deux cheuaux la
cholere & la cupidité.

F. Quelle proportion y a il entre la cholere, la cupidité, & la raifon? P. on peut aucunement faire telle comparaifon entre la
cupidité & la raifon, qu'il y a entre les deux
extremitez de l'octaue oppofites l'vn à l'autre: mais entre la raifon & la cholere, y a
mefme difference qu'entre les deux fons de
la quinte: & entre la cholere & la cupidité,
telle qu'être les deux extremitez de la quarte: de forte que ces trois proprietez de l'ame
tenât chacun fon rang de commandement
& d'obeiffance, il f'en enfuit vne trefplaifan
te & douce harmonie de toutes vertus, qui
apporte à l'ame le vray repos & tranquillité
tât loüee & defiree des anciés philofophes.

F. Puifque la cupidité beftiale eft plus ef-
loingnee de la raifon que la cholere, pourquoy eftce qu'on ne pardonne plustoft aux
adulteres, larrons, inceftueux, fauffaires,
qu'aux homicides & meurtriers qu'on excu
fé le plus fouuent, encor que le crime foit
beaucoup plus grief d'auoir ofté la vie à vn
homme que la bourfe? P. Parce que l'homi-

cide qui eſt fait en repouſſant, ou en ven-
geant l'iniure, a quelque apparence de iuſtice, mais l'inceſtueux ou larron qui n'a receu
aucun tort de celuy auquel il fait iniure, n'a
aucune excuſe de ſa mechanceté.

F. Il me ſemble au contraire, que la cho
lere eſt vn aueuglement de l'ame du tout eſ-
loingné de la raiſon: & que les adulteres,
larrons & fauſſaires ſemblent vſer de grande prudence pour ioüir de leurs plaiſirs &
larcins. P. La prudence eſt touſiours accō-
paignee de vertus: or les fauſſaires n'ōt que
la fineſſe & malice, q eſt d'autant plus à fuir
que plus elle ſ'eſloingne de la raiſon: mais
l'appetit de vengeāce ne ſ'eſloingne pas de
propos deliberé de la raiſon, ains elle eſt
tranſportee d'vne violence impetueuſe, cōme d'vne tempeſte, & ne ſ'efforce pas tant
de reſiſter à la raiſon, que de prendre la vengeance que l'homme cholere penſe eſtre
raiſonable, pour l'outrage qu'il a receu: toutefois on ne pardonne pas à ceux qui d'vn
ſang froid ſe diſpoſent à tuer & aſſaſſiner:
& encor moins ſils tuét pour donner ou re
ceuoir plaiſir ou profit de la mort d'autruy:
car on ne peut dire qu'il y va de la cholere.

F. Le coche de Platon que vous auez figuré cy deſſus, & le vaſe de Salomon, autour
duquel

duquel les figures de lhôme, du lion, & du beuf eſtoyent grauees, me fait ſouuenir de la viſion d'Ezechiel, ou le chariot celeſte eſt tiré par quatre animaux, aſcauoir l'homme, le lion, le beuf, & l'aigle: vous m'auez appris les trois premiers, mais ie ne ſcay q̃ ſignifie l'aigle. ꝑ. nous auõs dit q̃ Salomon a ſignifié par les trois premiers, la prudence, la magnanimité, & la temperance: le quatriéme, qui eſt l'aigle, ſemble ſignifier la ſapiéce qui éleue & rauit l'ame au plus haut qu'elle peut voler pour auoir la viſion de Dieu: tout ainſi que l'aigle qui vole par deſſus les nuees, & ſ'aproche le plus prez qu'elle peut du ciel, nourriſſant ſes yeux aux rayons du ſoleil, au lieu que les autres beſtes rampâtes ſur la terre ſouuent y perdent la veüe: & en ceſte ſorte la ſapience tirera aüec ſoy la ſcience: toutefois il y a peut eſtre quelque plus haut ſe- *Rabi Maimõ libro 3. Nemor* cret, que l'interprete de la viſion a declaré ne vouloir dire.

　ꜰ. Si eſtce que nous retombõs touſiours à ce point la, que celuy qui a la ſapience, la ſcience, & la prudence, c'eſt à dire la pieté, la verité, la doctrine, il a le comble de toutes vertus: mais ie ne ſcay pourquoy Ariſto *libro 1.* te a mis la verité comme vertu morale au *magn.* milieu de la ſimulation & iactance. ꝑ. cela *moral. c.7.&32*

eſt incōpatible, à ce qu'il dit en autre lieu, ꝗ
la verité eſt le propre ſujet de l'intellect, &
qu'elle a la fauſſeté pour ſon contraire: auſſi
les diſciples d'Ariſtote ſont d'accord que
les vertus intellectuelles n'ont point de mediocrité, & ne ſont point entre deux vices:
mais quoy qu'on die de la verité, ce n'eſt
point vertu de ſoy, non plus que le menſō-
ge: car ſouuēt on peut mentir honeſtemēt,
voire ſainctement, & commettre crime capital à dire verité quand il faut mentir, com
me ſi le meurtrier cherche le marchād pour
le tuer & voler, & qu'il demande à celuy ꝗ
ſcait ou il eſt de iurer & le découurir, il ſeroit
coupable de mort ſil diſoit la verité: nous
auons aſſez d'exemples en l'eſcripture ſain-
cte, meſmement des ſages femmes, qui non
ſeulement ont eſté loüees, ains auſſi ont receu loyer & benedictiō de Dieu pour auoir
menti au Roy d'Egypte, affin de ſauuer la
vie aux enfans maſles qui naiſſoyent.

F. Que dirons nous de la honte qu'Ariſtote a auſſi mis entre l'impudence & ſtupi-
dité? P Puiſque Ariſtote l'auoit miſe entre
deux extremitez vicieuſes, il ne debuoit pas
la rayer du rolle des vertus, par les principes
de mediocrité ou il ſeſt fondé. & la raiſon
pourquoy il a rayee du nombre des vertus
eſt

eſt par ce que, dit il, la honte n'eſt pas bien
ſeante à la vieilleſſe, & que toute vertu eſt
bien ſeante à tout aage: ce qui n'a point d'ap
paréce, & ſeroit choſe ridicule de chercher
ny prudence ny ſcience ny ſapience en vn
petit enfant: & neantmoins pour montrer
que la honte eſt la droite marque de mode-
ſtie, nous voyons que nature ne la dône entre touts les animaux ſinon à l'homme ſeul,
comme a treſbien dit Ciceron. ô ſi les vieil-
lars n'auoyēt la honte deuāt les yeux, qu'ils
feroyent vne perilleuſe ouuerture d'impudence à la ieuneſſe: mais on peut dire que la
honte eſt loüable en choſes louables, côme
la verité & le menſonge.

F. Dirons nous donc pas auſſi que l'amitié ſoit vertu, veu qu'il n'y a cité, ny maiſon,
ny ſocieté qui puiſſe ſans icelle ſe maintenir, & meſme qui ſemble eſtre plus neceſſaire que la iuſtice, d'autant que l'amitié peut
de ſoy conſeruer les citez, familles, & ſocie-
tez en bon occord, ſans autre forme de iuſti
ce, ce que la iuſtice ne peut faire ſans amitié? ꝑ L'amitié n'eſt rien autre choſe ſans iuſtice, qu'vne coniuration de mechans lyez
d'vne affection mutuelle pour faire mal: &
tout ainſi que l'amour peut eſtre de choſes
honeſtes & deſhoneſtes, auſſi peut eſtre l'a-

mitié: si ce n'est qu'õ s'accordast de ce point,
que l'amitié ne peut estre que de choses lou
ables & saintes, non plus que la societé, que
la loy n'a pas voulu auoir lieu entre les voleurs, ny pour quelque mechanceté que ce
fust: en ce cas l'amitié seroit vne belle vertu
compagne de la iustice.

F. Il me semble que vous auez clairemét
& brieuemét discouru de la nature des vertus, & des vices, du bien, & du mal, & de la
felicité humaine: mais i'ay encor vn scrupu-
le des vertus theologales, que les philoso-
phes n'ont point touché, s'il vous plaist aussi
m'eclarcir ce qui en est. P Les theologiens
appellent les vertus theologales, qui nous
sont infuses par la grace de Dieu, & qui n'õt
autre obiect ny respect que Dieu mesme.

F. Combien y en a il? P. ilz en mettent
trois, ascauoir la foy, l'esperance, & charité,
ce qui n'est pas fort necessaire, tenant les
fondemés que nous auons posez cy dessus.

F. Pourquoy? P. Parce que la charité ou
amour diuin, qu'ils font la principale vertu,
est fondee sur les principes de nature, qui
nous montre clairemét qu'il faut aymer de
toute sa puissance ce grand Dieu eternel,
createur & conseruateur du monde, tresbõ
& trespuissant : qui n'est autre chose que la
vraye

vrayé ſapience qui git en l'amour de Dieu
treſardent, que les theologiens appellent
charité, & Salomon l'appelle ſapience &
fruit de vie, comme nous auôs dit. & de dire que ceſte vertu la eſt infuſe diuinement,
auſſi ſôt toutes les vertus & graces de Dieu,
& generalement tout bien vient de Dieu.

Scot lib
3. d. 23. q
24. 25.
26. 27.

F. Mais ceſte vertu a Dieu pour ſeul obiect, ce q̃ n'ôt pas les autres, qui ſe rapportét
aux actions humaines, ou ſciences & arts
mechaniques. P. Tout ainſi q̃ de tous fruits
les premices, & de tous ſacrifices la graiſſe,
& de toute oblation certaine portion eſtoit
bruſlee, & ſacrifiee à Dieu, & le ſurplus diſ-
tribué aux ſacrificateurs & ceux q faiſoient
l'oblation : ainſi de toutes vertus les premices appartienent à Dieu : le ſurplus aux hô-
mes : & tout ainſi qu'il y auoit vn ſacrifice
de louange qu'on appeloit עולה ou holocau-
ſte, qu'on bruſloit entierement à l'honneur
de Dieu, ſans que celuy qui le preſentoit, ny
le preſtre en print rien : ainſi entre les vertus
la ſapience qu'ils appellent charité, ſe doibt
du tout rapporter à l'amour de Dieu : car cô-
bien que celuy qui donne au poure ſoit eſ-
meu d'vne iuſte compaſſion, & de payer au
poure ce qu'il doibt par vne iuſtice naturelle : ſi eſtce que ſil dóne pour enrichir ſa mai-

son (d'antãt qu'il n'y a meftier tant lucratif
que le meftier de donner l'aumofne) il ne
fait pas bien: car il doibt deuant toutes cho
fes donner pour l'amour de Dieu: ainfi eft il
de toutes autres vertus, àfcauoir de prudence, temperance, magnanimité, voire de tou
tes actiõs qui font vicieufes ou imparfaites,
fi le premier fujet n'eft fondé en l'amour de
Dieu, encor que la fin fe rapporte au profit,
ou bien d'autruy. mais la fapiéce ou amour
diuin a cela de fpecial, qu'elle fe rapporte
du tout à Dieu : ce qui fe fait quand l'hôme
de bien eft tellement faifi de l'amour diuin,
qu'il n'a aucun efgard aux grands loyers, ny
à la vie tresheureufe ĝ Dieu affeure à ceux
qui l'aiment : & ne le craint pas pour la peur
qu'il ait des tormens & peines infernales,
que les autres craignét : ains feulement pour
la feule bonté & fageffe de Dieu il eft raui à
l'aimer, & fi cet amour procedoit de la pure
volôté & affection interieure de l'homme,
la vertu en feroit beaucoup plus grande &
plus illuftre que d'eftre infufe diuinement,
comme il faut iuger en cas pareil de la foy.

　F. Comment l'entendez vous? P. C'eft
que la vraye foy dépend d'vne pure & fran
che volonté, qui croit fans force d'argu-
mens, ny de raifons neceffaires : & qui eft
　　　　　　　　　　　　　　　　　　en

en cela contraire à la science, qui est fondee en demonstration forcee & necessaire:
or si la foy est forcee, ce n'est plus foy: & si
elle est diuinement infuse, elle ne despend
pas de la volonté interieure de l'homme, ce
qui est principalement requis en la foy, ains
du commandement exterieur: il y a donc
plus de merite quãd elle procede d'vne pure volonté, que quand elle est infuse, &
qu'elle vient d'autruy.

F. Que vous semble de l'esperance? P. ce
n'est que la foy d'vne chose particuliere, cõme celuy qui croid que les gens de bien se-
ront sauuez, il croid aussi qu'il le sera s'il est
tel, mais les Stoiciens ont rayé du nombre
des vertus l'esperance.

F. Pourquoy? P d'autant que ceux qui
tousiours abbayent aux biens à venir n'ont
iamais de repos tant qu'ils esperent & atten
dent, & d'autant moins si les biens esperez
sont longuemẽt differez: & s'il aduiẽt qu'ils
soyent troussez de ce qu'ils ont esperé, ils
deuienent furieux & insensez. voila pourquoy le Stoicien disoit, que celuy qui tousiours espere, & n'est iamais cõtent, est tousiours miserable. mais si nous prenons l'esperance pour la fiance que l'homme de bien a
en Dieu seul, c'est à dire qui ne fait ny mise.

ny recepte des biens, ny des amis, ny des
forces, ny de la ſanté, ny de ſon bon iugement, ny du ſecours humain, quel qu'il ſoit,
il peut dire qu'il a vne vertu des plus belles
du monde, mais c'eſt touſiours ceſte meſme
ſapience qui git en l'ardent amour de Dieu,
qui ne peut eſtre ſil n'eſt accompagné de
ceſte fiance, & ceux qui ſ'appuyent & ſe fiét
és choſes humaines, ils ſont maudits, & declarez deſerteurs: & ſemble que par vne vé-
geance diuine le temple d'eſperance qui e-
ſtoit à Rome fut frapé du foudre, & en fin
bruſlé & couſumé du feu celeſte. mais d'a-
uoir ceſte ferme fiance ou eſperance, ou a-
mour ardent enuers Dieu, que nous auons
dit eſtre le comble de ſapience, il eſt bien
difficile, & preſque impoſſible, ſi Dieu meſme ne nous rauit à luy.

ſidenotes: Hiere-
mic maudit celuy q̃ ſe fie en l'hôme.

　　F. Mais c'eſt vne force quand Dieu rauit
à ſoy quelqu'vn pour l'aimer, comme ſil ne
deuoit pas l'aimer ſil ny eſtoit pouſſé, pi-
qué, forcé, en quoy il me ſemble qu'il n'y a
pas à lors grand merite, veu que nous y de-
uons courir à toute force. P Tout cela eſt
beau à dire, mais oyez ce que dit l'amie de
ce grand Roy, aprez auoir remarqué ſes ra-
res beautez, ſes grandes richeſſes, ſes perfe-
ctions & puiſſances, Tirez moy, dit elle mó
amy

amy, & nous courrons enfemble : elle eft
bien enflammee d'vn ardent amour, fi eftce neantmoins qu'elle defire & prie fon a-
my de la tirer pour aller enfemble, & non
pas deuant ny derriere.

Io. c19
nul ne
vient à
moy fi
mon pe
re ne le
tire.

F. Il me femble que c'eft affez difcouru
de toutes fortes de vertus : mais vous ne m'a
uez pas encor montré, ce me femble, le chemin pour y paruenir, ny par quel moyen ie
pourray obtenir l'intellect, que vous appelez le bon ange, & la fapience, fcience &
prudence. P. Le grãd Hippocrate, & aprez
luy Platon difoit, qu'il y a trois moyés pour
acquerir toutes fciences & vertus, àfcauoir
la nature, les regles, & l'exercice : mais le
principal eft de f'accouftumer dés la tendre
ieuneffe à tout honneur, fuir comme la pefte les compagnies des moqueurs & mechans, fuiure les hommes vertueux,& pren
dre plaifir à la vraye gloire, qui ne fe peut
acquerir que par actes vertueux, les autres
regles ont efté remarquees cy deffus.

F. Que peut feruir la compagnie des gés
de bien fi la nature y refifte, qui ne peut e-
ftre forcee? P. c'eft bien l'aduis d'Ariftote,
mais le fage Lycurge legiflateur des Lace-
demoniens, montra bien le contraire au
doigt & à loeil, par l'exemple de deux chiés

d'vn pere & d'vne mere, l'vn nourri à la chaſ
ſe, l'autre à la marmite: ayant fait eſſembler
le peuple, il fit mettre vn lapin & vne marmite, puis laſchât les deux chiens, l'vn cou-
rut ſondain aprez le lapin, & l'autre à la mar
mite, pour faire entendre à tout le peuple quelle conſequence eſtoit la premiere
nourriture. & ſi Theophraſte a montré à
veüe doeil que les plantes meſmes perdent
leur nature ſauuage, & ſ'adouciſſent par la
diligence & ſoin du bon laboureur, qui dou
bte que les hommes participans d'vn eſprit
diuin, ne ſe puiſſent améder, flechir & chan
ger? c'eſt pourquoy Demetrius Phalereus,
des premiers hommes de ſon aage, eſcript
que Demoſthene quoy qu'il fuſt begue, &
du tout inepte à parler en public, par exercice, neantmoins deuint le plus grand ora-
teur de ſon aage. & ſi on redreſſe les ieunes
arbriſſeaux, quoy qu'ils ſoyent tortus, pour
quoy les tendres eſprits ne pourront ilz e-
ſtre redreſſez ſ'acoſtans & ſe lians auec les
vertueux hommes? mais pour leuer toutes
les excuſes des hommes laſchez de cœur,
qui accuſent iniurieuſement la nature, affin
de reieter leur faute en celuy q eſt autheur
de nature, il a dit haut & clair, Garde mes
commandemens, & ilz te garderont: tu as
le bien

le bien & le mal, tu auras celuy qu'il te plai-
ra: choisi donc le bien & tu viuras: voila la **deuter.**
conclusion du grand legislateur à la fin de **28.eccl.**
tous ses mandemens.   **cap. 15.**

F. Mais ie voudroy bien scauoir vn chemin plus court & plus facile que celuy que
vous auez dit, affin que ie puisse auoir ce bõ
ange, la sapience, science & prudence aussi
tost comme Bezaleel, Daniel, Salomon, qui
ont eu tout a coup ces graces si excellentes:
ou si ie ne puis acquerir ces grands tresors
de science, ny la prudence si grande qu'il
est requis au maniment des affaires humaines, au fort que ie puisse auoir la sapiêce qui
est le fruit de vie. P. Ie scay bien que vous
auez la mesme intétion que tous ceux qui
fuyent le labeur, & ne demandent que be-
songne faite. Escoutez donc le maistre de
sagesse, l'estoy, dit il, ieune enfant de bon
esprit, & d'vn bon naturel, ou pour mieux
dire, estant bon ie trouuey vn corps qui n'e-
stoit point souillé : & quand ie cogneu que
la sapience tiroit aprez soy les biens, les richesses, les plaisirs, l'immortalité, ie cher-
chey par tout s'il y auoit moyen de la trouuer, & m'adressant au Dieu eternel, ie luy **voyez**
fis la priere qui s'ensuit. Dieu eternel, & cet. **l'oraisõ**
au liure
Ce maistre de sagesse ayant obtenu ce qu'il **de Sap.**

defiroit, conuie vn chacun de faire comme
luy, asseurant par ses escripts que Dieu don
ne la sapience, & que de sa bouche sort la
puerb.
c.1.8.9. science, & la prudence. mais il faut bien gra
psal.138
Iob 28. uer en son esprit, que tous les saincts perso-
nages demeurét d'accord, que le fondemét
Ecclef.
c.1.2.3.
3.9. & le comble de sapience git en la crainte
de Dieu.

F. Ie n'enten pas bien ce q̃ vous voulez
dire: car tantost vous auez dit que la sapience de Dieu git en son amour tresardent: &
maintenant vous dites que la sapience git à
craindre Dieu bien fort; comment peut on
aimer ardemment la chose qu'on craint si
fort? P. Mais commét se peut il faire qu'on
puisse aimer quelqu'vn d'vne ardéte affection si lon n'a grãde crainte de l'offeser? voyez combien la mere creint offenser son petit enfant, qu'elle aime extremement: com-
mént elle le nourrit delicatement en le bai-
sant de touts cotez, & embrassant continuellement: & la peur qu'elle a de l'offenser
tant soit peu, ce n'est pas la crainte qu'on a
des ennemis, ou des tyrans, mais bien de
ceux qu'on ayme tresaffectueusement. Or
il y a deux choses en Dieu qui manquent à
toute creature, & qui doiuent engrauer en
noz cœurs l'amour tresardent, & la crainte
extreme

extreme de Dieu : c'est aſcauoir vne bonté
infinie, & vne puiſſance infinie : car il n'eſt
pas moins bon qu'il eſt puiſſant : & n'eſt pas
moins puiſſant qu'il eſt bon. mais d'autant
que nous auons beaucoup plus de beſoin
de ſa bonté que de ſa puiſſance, & de ſa dou
ceur que de la rigueur : pour ceſte cauſe l'a-
mour diuin doibt ſurpaſſer la crainte d'iceluy, & faut craindre l'offenſer, non pas tant
pour euiter la peine terrible de ſes iugemés,
que pour l'obligation d'amour que nous
luy deuós, & des bienſfais infinis que nous
receuons ſans ceſſe de ſes mains. combien
que l'Epicure eſtoit daduis qu'on deuoit ay
mer Dieu pour ſa bonté ſeulement, publiãt
à ſes diſciples qu'il ne falloit pas le craindre, & qu'il ne faiſoit ny bien ny mal à perſonne.

F. Quel inconuenient aduiendroit il ſi
on tenoit qu'il ne faut point craindre Dieu,
mais ſeulement l'aimer treſaffectueuſemét?
P. Il eſt impoſſible d'aimer celuy qu'on ne
craint point offenſer, comme nous auons
dit. Or l'opinion de l'Epicure, homme dete
ſtable, non ſeulement anéantit l'amour diuin qui eſt inſeparable de ſa crainte, ains
auſſi en arrachant du cœur des hommes la
crainte de Dieu, il arrache auſſi toutes les
ſup

G

loix diuines & humaines, & réuerse le fondement de toutes citez, empires, & socie-
tes, qui ne sont entretenues que par la crain
te d'offenser Dieu: car si les princes & grãds
seigneurs, n'auoyent crainte que des magi-
strats, ausquels ils commandent, qui est-ce
qui les empescheroit de mal faire? & si les
meschans sujets ne craignoyent q̃ les iuges
& tesmoings, qui les retiendroit de faire
mille mechancetez execrables à couuert? il
faut dõc tenir pour tout resolu que la vraye
sapience de Dieu git en son amour & en sa
crainte: & d'autant que la plus part des hõmes est plus retenüe par la crainte que par
l'amour, pour ceste cause la crainte de Dieu
est beaucoup plus souuent recommandee,
& trescõuenable à la Majesté diuine, & tres-
necessaire au salut de tous empires, estats,
& monarchies.

　　v. Suffit il d'auoir demandé à Dieu vne
fois sa sapience? p. il faut tant de fois, & si
souuent la demander, que vous l'ayez obte-
nüe, mesmes de grand matin, & principalement la nuit, lors que les autres sont fondus
en tous plaisirs & voluptez, ou enseuelis de
profond sommeil, c'est à lors que la priere
a vne merueilleuse efficace enuers Dieu,
c'est pourquoy ce diuin poëte lyric disoit,
　　　　　　　　　　　　　　　　qu'il

qu'il se leuoit à minuit pour chanter les lou-
anges de Dieu . & en autre lieu en s'egayant
il chante,

Sus donc ma langue ores reueille toy,
Psalterions leuez vous auec moy,
Au point du iour ie laisseray ma couche,
Ie chanteray des doigts & de la bouche.

A quoy se rapporte ce que dit Salomon, Prouer.
que ceux-la trouueront sapience qui se leue cap. 3.
ront de fort grand matin pour la chercher.
Et pour clorre ce discours, puis que vous e-
stes bien né, & songneusement enseigné à
tout bien & honneur, il faut bien prendre
garde puis que rien ne vous manque, que
vous seul ne manquiez à vous mesme.

F. I'ay beaucoup d'obligation enuers
vous, mon pere, d'une si belle doctrine, &
me doubte fort que ie mourray ingrat en
vostre endroit, côme disoit Furieux à l'Em-
pereur Auguste, qu'il tenoit vne iniure de
luy, l'ayant si fort obligé, qu'il estoit impossible qu'il ne mourust ingrat, parce que Auguste auoit sauué la vie à son pere, & vous
m'auez donné ceste vie, & encor paré le
chemin à vne autre vie bien plus longue, &
plus heureuse.

Cet œuure a esté acheué de traduire par l'au-
theur le second iour de Ianuier 1596.

www.ingramcontent.com/pod-product-compliance
Lightning Source LLC.
Chambersburg PA
CBHW070131100426
42744CB00009B/1788